荀旭杰 ◎ 著

白手起家

从0创业的108种方法

中国商业出版社

图书在版编目（CIP）数据

白手起家：从0创业的108种方法 / 苟旭杰著. --北京：中国商业出版社，2024.5（2024.11重印）
ISBN 978-7-5208-2894-9

Ⅰ.①白… Ⅱ.①苟… Ⅲ.①创业—通俗读物 Ⅳ.①F241.4-49

中国国家版本馆CIP数据核字(2024)第075113号

责任编辑：郑　静
策划编辑：刘万庆

中国商业出版社出版发行
（www.zgsycb.com　100053　北京广安门内报国寺1号）
总编室：010-63180647　编辑室：010-83118925
发行部：010-83120835/8286
新华书店经销
香河县宏润印刷有限公司印刷
＊
710毫米×1000毫米　16开　14.75印张　200千字
2024年5月第1版　2024年11月第2次印刷
定价：68.00元
＊＊＊＊
（如有印装质量问题可更换）

前 言

在当下，打工不易，创业更难。但面对挑战，越来越多的人开始寻求从打工者转变为创业者，希望靠自己白手起家实现事业梦想。然而，创业并非易事，尤其对于那些初始资源有限的创业者来说，创业之路挑战重重。首要痛点是毅力与决心的考验。面对创业过程中的种种困难与不确定性，缺乏坚韧不拔的精神和持之以恒的决心往往会导致他们在关键时刻选择放弃，从而使得创业项目无法坚持到底。其次，在赛道选择上，找准有潜力、顺应时代发展趋势的领域至关重要。许多创业者由于对行业缺乏深入了解而盲目跟风或误判市场趋势，导致在激烈的市场竞争中败下阵来。再次，流动资金问题也是创业者的一大困扰。充足的启动资金及运营资本是维持企业正常运转的基础，然而不少初创者在创业之初未能充分准备，导致资金链紧张甚至断裂，严重影响了项目的推进和应对突发状况的能力。又次，丰富的人脉资源是推动事业发展的关键。很多白手起家的创业者可能因人脉网络相对薄弱，而在信息获取、业务拓展以及合作机会等方面遭遇瓶颈，从而限制了其快速成长的步伐。最后，对自我认知的深浅程度直接影响着战略决策的质量和实施效果，这就需要创业者能够清晰地理解创业的深层意义，明确个人优势与不足，有效评估自身在市场中的定位和价值实现方式。《白手起家：从0创业的108种方法》一书正是为解决这一群体在创业路上遇到的各种难题而编写。

书中详尽列举了108个适合新手的创业项目，涉及创业新风口、互联网、AI、短视频、网红打卡店、知识付费、文创产品、亲子益智与健身、旅游休闲、新农村创业、技能创业、本地生活、新实体店、新兴服务业、小成本大生意、头脑大风暴等，创业门类之齐全，几乎覆盖各个行业领域。其中的每个项目都立足于现实市场需求，力求挖掘其背后隐藏的商业价值，并通过实际案例进行深度解读，给出具体的创业指导，展现其可行性和盈利模式。例如，在经济新业态中，我们看到地摊经济、夜间经济、数字经济如何赋能普通创业者；在新农村创业部分，农业电商、特产致富、承包土地种植等案例生动展现了一片广阔的蓝海市场；短视频创业时代，短视频直播课、直播带货、短视频带货、短视频直播营销等新商业模式孕育了无数成功创业的故事。同时，本书还关注到了亲子教育、旅游休闲等行业的发展潜力，以及诸如宠物店、鲜花店、修补店等便民服务领域的商机。

  本书通过详细解读这些创业实例，提供应对创业痛点的有效策略，作出关于该创业项目的风险提示，从而有助于创业新手深入了解各行业发展趋势，找准创业方向。无论是依托于传统行业的创新转型，还是利用现代科技手段开辟新的创业领域，本书都力求使每一位立志创业的朋友从中汲取灵感，提升创业成功率，最终实现从零起步、勇攀事业高峰的梦想。

  愿此书能成为你创业征途上的有力指南，助你在创业大潮中破浪前行，最终实现自我价值和社会价值的双重提升。

目 录

第01章 创业新风口：时代机遇下的草根逆袭创富之路
001. 地摊经济：大学生变身"练摊王"，日盈利 1000 多元 / 2
002. 夜间经济：摆地方特色工艺品夜间摊，年获利上百万元 / 4
003. 单身经济：创建线上单身平台，估值达 5 亿元 / 6
004. 数字经济：在数字经济大潮中创办科技公司，实现双重价值 / 8
005. "出海"经济：将空气净化器远销欧美，出口额超过 3 亿元 / 10
006. 沉浸式经济：通过"云养"模式，1000 千克小龙虾被网友领养一空 / 12

第02章 互联网创业：互联网时代的新商业模式与个体力量
007. 抖音小店：主打原创设计的服装小店，一年内突破月销售额百万大关 / 16
008. 跨境电商：一年时间从 0 做到 TOP 卖家，年收入 400 万元 / 18
009. 网上接活：通过互联网平台接受项目，三年收入 500 万元 / 20
010. 社交电商：美妆达人通过社交电商创业，实现年交易额过亿元 / 22
011. 网站代运营：创立网站代运营服务公司，成就个人财富自由 / 24
012. 拼多多店铺：开设拼多多店铺，月流水突破 100 万元大关 / 26
013. 淘宝店铺：开设淘宝店铺，年收入 40 万元 / 28
014. 网络广告：通过做网络广告，三年实现利润 900 万元 / 30
015. 互联网外卖：从零起步做互联网外卖，三年突破千万元大关 / 31
016. 自媒体创业：借力深度内容与互动营销策略，实现年收入 100 万元 / 33

第03章　AI创业：人工智能开启新时代创业蓝海

017. 旅游和酒店行业：开发移动应用，年营业收入超过 1 亿元 / 38

018. 无人驾驶：研发 5G 无人驾驶舱，为煤矿和港口各节省数百万元 / 40

019. 健康和医疗领域：自主研发健康监测应用，估计年收入超过 10 亿元 / 42

020. 智能家居和物联网：研发智能家居管理系统，创造纯利润 1000 万元 + / 44

021. 数字内容和教育：用 AI 技术开发智能教育软件，年度总收入 1000 万元 / 45

022. 绿色科技和可持续发展：研发智能能源管理系统，年销售额突破 5000 万元 / 47

第04章　短视频创业：流量为王，内容制胜的新媒体变现之道

023. 短视频直播课：播放短视频直播课堂视频，总播放量达千万级 / 50

024. 直播带货：短视频账号带货，一个月卖 43 万单，销售额超过 2 亿元 / 52

025. 短视频带货：运营新媒体女鞋账号，创造出 60 多万元经济效益 / 54

026. 拍短视频：拍餐饮创业指南短视频，收获逾 80 万粉丝关注 / 55

027. 做短视频内容：拍短视频记录自己饭店的生意状况，积累 7 万多个粉丝 / 58

028. 短视频直播营销：联合"大V"实施精准引流，实现成交额 500 万元 / 60

第05章　网红打卡店：网红经济背景下的实体店创新与盈利模式

029. 网红面包店：创立连锁烘焙品牌，年利润超过 100 万元 / 64

030. 网红酒吧：打造赛博朋克风格酒吧，成为网红打卡地 / 66

031. 网红餐厅：创新甜品品牌，年度总销售额突破 3000 万元 / 68

032. 网红饺子馆：开网红饺子馆创业，营业额较创业之初飙升 10 倍以上 / 70

033. 网红书店：开网红书店每月收入超过预期，盈利能力逐年提升 / 71

034. 网红甜品店：开一家网红甜品店，一年净赚 40 万元 / 73

035. 网红咖啡店：开网红咖啡馆，实现创收 30 多万元 / 75

036. 网红瑜伽馆：开网红瑜伽生活馆，年总收入预计超过 300 万元 / 77

第06章　知识付费：知识变现创业者的真实故事与成功模式

037. 在线写作：自由撰稿人在线写作，每年收入 30 万元 + / 80

038. 知识问答服务：利用知乎 Live，创收总额超过 50 万元 / 82

039. 线上咨询：开展在线咨询业务，月均净收入达 15 万元 / 83

040. 线上培训：开展线上编程培训业务，实现纯利润 500 万元 / 85

041. 付费社群：运营付费社群，年收入超过 400 万元 / 87

042. 线上读书：发起全国线下巡讲活动，全网总曝光量超 1.05 亿元 / 89

043. 直播教学：运营直播教学项目，年收入突破 800 万元 / 91

044. 个性化定制服务：采用会员制收费，实现纯利润约 150 万元 / 93

第07章　文创产品：文创行业小而美的独特商业模式

045. 拼图小店：创办拼图小店，纯利润达 60 万元 / 96

046. 礼品代理公司：进军礼品包装行业，实现年纯利润约 50 万元 / 97

047. DIY 个性定制：创立 DIY 个性定制小店，实现年纯利润 30 万元 / 99

048. 动漫配件店：经营动漫配件店，一年实现纯利润约 25 万元 / 101

第08章　亲子益智与健身：聚焦亲子陪伴与健康成长的创业方式

049. 亲子乐园：创办亲子乐园，四年累计盈利逾百万元 / 104

050. 儿童益智：打造儿童益智馆，年收益达 72 万元 / 106

051. 婴儿游泳馆：创办婴儿游泳馆，年纯利润超 100 万元 / 108

052. 儿童健身房：创立儿童健身房，实现纯利润 60 万元 / 110

053. 儿童瑜伽训练馆：开创亲子瑜伽工作室，实现年纯利润 120 万元 / 112

第09章　旅游休闲：旅游休闲领域的商业机遇与成功实践

054. 旅游创业：创办中老年旅游服务公司，实现创业转型 / 116
055. 民宿：将自家小院改建成民宿，实现年收入 300 万元 / 117
056. 会所：通过"免费送"模式，成功筹集 400 万元资金 / 119
057. 休闲钓鱼场：承包鱼塘免费钓鱼，一年斩获 85 万元纯利润 / 121
058. 会员制：实施旅游行业解决方案，680 元即能享受 VIP 待遇 / 123

第10章　新农村创业：现代农业领域的创新实践与丰厚回报

059. 农业电商：建成养殖场，在线上直销 3 万枚草鸡蛋 / 126
060. 网上农业经纪人：做农业经纪人，网上交易额达 100 多万元 / 127
061. 农活服务公司：创建综合性农业服务公司，实现 15 万元纯利润 / 129
062. 特产致富：大学生当农民卖土特产，半年纯收入 12 万元 / 131
063. 承包土地搞种植：承包土地种蔬菜，纯收入突破 100 万元大关 / 132
064. 共享菜园：按田块每年每亩收取租金，年纯收入 50 万元 / 134

第11章　技能创业：技能型创业者的独特视角与自主创业之路

065. 技能变现：一次小小的合作，就赚取 1500 元报酬 / 138
066. 清洁技术：打造保洁行业"特种兵"，线上粉丝突破 120 万人 / 139
067. 手工产品：开店制作手工艺品，一年获 20 万元纯利润 / 141
068. 加工木质马扎：加工木质马扎，实现年纯利润 16.8 万元 / 143

第12章　本地生活：深入挖掘本地生活服务潜力的创业实战案例

069. 鲜花店：在小县城开文艺花店，日赚 2 万元 / 148
070. 鲜奶吧：投资创办新型乳品休闲吧，首年实现 30 万元纯利润 / 150
071. 维修店：在社区附近开家电维修店，当年纯利润超过 20 万元 / 152

072. 家政公司：以免费方式占领市场，半年盈利 150 万元 / 153

073. 旧衣改制店：开设旧衣创意改制店，一年实现纯利润 45 万元 / 155

074. 城市社区小厨房：在住宅小区内开设小厨房，实现纯利润 30 万元 / 157

075. 宠物店：多元化的宠物服务，实现年纯利润超百万元 / 159

076. 老人用品店：经营中老年用品店，年销售额逼近 1000 万元 / 160

077. 跑腿服务：创建配送平台，一年获得 30 万元纯利润 / 162

078. 自助取餐柜：自助取餐柜免费送 + 新盈利点，老板获利 600 万元 / 164

079. 蔬菜专车配送：创办蔬菜专车配送公司，实现纯利润 100 万元 / 166

080. 社区团购店：社区团购典型代表邻邻壹，单月 GMV 达数千万元 / 168

第13章 新实体店：新实体店的业态升级与创新盈利模式

081. 粗粮养生店：启动养生连锁超市项目，个人资产累计 5000 多万元 / 172

082. 轻食店：做健康轻食小店，实现净盈利 150 万元 / 173

083. 精品零食店：开设精品零食专卖店，纯利润能达到 30 万元 / 175

084. 母婴店：开设母婴用品专卖店，通过微信渠道年销售额能达 1500 万元 / 177

085. 科技书店：开办农业科技书店，实现纯利润 45 万元 / 179

第14章 新兴服务业：劳动密集型转向技能密集型，释放创业潜力

086. 陪医就诊：做专职陪诊师，两年收入近 30 万元 / 182

087. 智能硬件装调员：酒店公寓智能化项目，一单效益超过 300 万元 / 183

088. 游戏代练：创立游戏代练工作室，一年累计盈利近百万元 / 186

089. 整理收纳：做收纳师帮别人整理屋子，一单竟挣到上万元 / 187

090. 专业导购：在高端家具商场担任专业导购，年收入达到 30 万元 / 189

091. 陪孕师：心理学研究生毕业后做陪孕师，月收入 3 万元 / 191

092. 催乳师：全面掌握催乳技能，月收入轻松达到 2 万元 + / 193

093. 探店达人：与探店达人合作，创造经济效益 10 万元 / 195

094. 外卖小哥：为了还债跑外卖，三年赚钱过百万元 / 197

第15章 小成本大生意：微创新与精细化运营，小项目有大收益

095. 现切水果：把现切水果做成了大生意，年收入达到 30 万元 / 200

096. 手推奶茶冷饮摊：开设手推奶茶冷饮摊，月纯利润达 5000 元 / 201

097. 停车位：通过共享停车位，实现月纯利润 4 万元 / 203

098. 爆米花：开展爆米花创业项目，获纯利润 20 万元 / 205

099. 充电桩：开展充电桩创业项目，获纯利润 30 万元 / 206

100. 豆浆机：开展豆浆机创业项目，获纯利润 35 万元 / 208

101. 学习机：代理智能学习机，一年净赚 35 万元 / 209

102. 饮水机：代理健康饮水机，一年净赚 25 万元 / 211

第16章 头脑大风暴：创意与洞察力并举的创业实践与收益

103. 二手生意：收购二手家具和家电，一年净赚 15 万元 / 214

104. 空白致富：主打室内绿植与养护指导，每月净赚 2 万元 / 215

105. 无货源开店：一人经营数家无货源店铺，实现利润 5 万元 + / 217

106. 电动车挡风被：做电动车挡风被项目，一年纯利润 28 万元 + / 219

107. 一次性餐具配送：做一次性水晶餐具配送业务，轻松月入七八万元 / 221

108. 纸类包装箱加工：做纸类包装箱加工项目，年盈利额达 60 万元 / 223

后 记 / 225

参考资料 / 226

第01章

创业新风口：
时代机遇下的
草根逆袭创富之路

001. 地摊经济：大学生变身"练摊王"，日盈利1000多元

地摊经济，这一看似平常实则意义深远的经济形态，近年来在社会经济领域中的作用正在不断提升。对于初创者而言，参与地摊经营是接触市场、吸取实战经验、洞悉商业契机的有效途径，这有助于创业者构筑未来的事业。因其低成本、低门槛和风险较小的特性，尤其契合资金匮乏且经验欠缺的创业者。不少创业者正是借此途径，从小本买卖起步，逐步积累财富，成功创业。

经典案例：

李志豪在某电子信息工程学院毕业后的几年里，曾在广州、武汉等地先后从事过行政助理和市场营销等行业。但当时的就业情况不是很好，人才市场不仅竞争激烈，而且个体经营者的税收压力也很大。于是他产生了摆地摊的想法，不过迫于诸多外部因素，一直没敢擅动。2020年6月，他所在的武汉市启动了街区地摊经济项目，规定毕业两年以内的大学生可以在武汉市内各街区摆摊并享受免租经营权。得知这一信息后，李志豪立即提交了入驻申请。

在创业之初，他的摊位只是售卖男装、创意小物件等各类商品。随着经验的积累以及朋友的建议，他考虑到自己在校期间主修电子信息工程，对数码产品领域有着深厚的理解，便决定调整经营方向，专注于数码产品的销售。这个决策给他带来了可观的回报，摊位日均利润迅速提升至1000多元。经过一段时间的辛勤努力，李志豪在创业路上初尝胜果，收益丰厚，同时也在此过程中拥有了一个美好的邂逅，开始了他大学毕业后的首段甜蜜恋情。

积累了初步资本后，李志豪在华强数码世界租赁了一个店铺，开设了一家名为"智领数码"的实体店，携手女友共同经营。店铺主要由女友打理，他负责采购货源及维护客户关系。李志豪认为，正是有了女友的支持与陪伴，自己的创业之旅才变得更加顺利且富有价值。

创业实战：

把握政策机遇：李志豪密切关注并抓住了大学生街区地摊经济的创业政策红利，充分利用政府提供的免租经营权益，有效降低了创业初期的成本压力。对于新创业者来说，及时关注相关政策动向，合理利用政府扶持措施是成功的第一步。

精准定位与转型：李志豪凭借自己在电子信息工程领域的专业知识，洞察到数码产品市场的潜力，适时调整了经营范围。创业者需找准自身优势，进行市场分析，找到适合自身能力和市场需求的产品或服务定位。

借助专业背景与资源：李志豪在创业过程中充分运用了自己的专业背景，对数码产品有深刻理解，这使得他在挑选产品、定价及与客户沟通时更具优势。创业新手应深入挖掘自身的专业技能和人脉资源，将其转化为竞争优势。

灵活适应与迭代优化：从最初销售男装、创意小物件转战数码产品，体现了李志豪能够根据市场需求和自身条件灵活转变策略。创业过程中要保持敏锐的市场洞察力，勇于尝试和快速迭代优化商业模式。

团队协作与分工明确：在开店后，李志豪与女友各自明确在店铺运营中的职责，女友负责店铺日常管理，他负责货源采购和客户关系维护。这种明确的分工有助于提高工作效率，降低运营成本。

风险提示：

△市场调研不可忽视，盲目跟风可能面临激烈的竞争，导致利润空间压缩；

△虽然政策支持降低了创业门槛，但仍要做好失败的心理准备和应对预案；

△合作伙伴的选择至关重要，建立稳定且互信的合作关系有利于长期发展。

002. 夜间经济：摆地方特色工艺品夜间摊，年获利上百万元

夜间经济是指涵盖多个领域的经济活动，通常发生在每日下午6点到次日早上6点之间。夜间经济包括了越来越丰富的夜间服务业，因此引领出了很多的夜间创业机会和竞争优势。比如，在位于众多城市街头巷尾的地摊中，工艺品始终是备受青睐的商品种类。无论是精工细作的皮具、璀璨夺目的珠宝首饰，抑或是匠心独运的布艺制品、巧夺天工的木工制品，每一件手工艺品都饱含着匠人付出的心血与创新思维。这些工艺品具有独特性，每一件产品都是无可复制的存在，能够满足消费者对新颖独特事物的追求和期待，从而具有一定的价值。欧瀚的夜间工艺品摊位就是一个成功的例子。

经典案例：

欧瀚毕业后在大公司工作，却不满平淡的生活，受到家乡夜市热闹景象启发，决定辞职创业开设工艺品摊位，融合本土文化，自制特色工艺品。起初反响一般，但他坚持创新，增加了现场制作、定制服务等互动体验，逐渐聚拢人气。虽遭遇传统手艺人质疑其做法背离传统，但他并不气馁，通过诚恳沟通、求教老匠人，并邀请他们参观，成功将传统与创新融合，新品广受欢迎，年销售额达五六百万元。

针对冬季夜市需求，欧瀚适时推出季节性的手工制品，如围巾、热水袋等，填补市场空白，使得冬季业绩翻倍。在事业蒸蒸日上时遭遇了外地商贩恶意竞争，对方以低价销售相似产品并造谣中伤。面对危机，欧瀚坚守品质，通过社交媒体公开制作过程，并联手本地工匠举办展览澄清事实，从而恢复声誉，提振销量。

最终，欧瀚的摊位不仅走出困境，更是蒸蒸日上，年利润突破 100 万元，成为当地夜市中独一无二的成功典范。

创业实战：

市场观察与定位：欧瀚受到家乡夜市热闹景象的启发，判断出夜市蕴含的巨大商机。创业者应先深入观察市场需求，找准市场空白或热点，从而确定独特且具有竞争力的创业项目。

差异化创新：欧瀚不选择做食品，而是开创特色工艺品摊位，展示了他在产品上的创新思维。创业者应挖掘自身特长和兴趣，提供与现有市场有所差异的产品或服务，以区别于竞争对手。

快速迭代与改进：面对开业初期的冷淡反应，欧瀚积极改进产品，加入互动元素，使其更具吸引力。创业者要时刻关注市场反馈，灵活调整产品策略，不断优化和迭代。

危机处理与沟通协商：当遭遇传统手工艺师傅的反对和攻击时，欧瀚采取了主动沟通和学习的态度，化解了矛盾。创业者应学会妥善处理冲突，寻求共赢，并借鉴传统，融入创新。

季节性与消费需求匹配：欧瀚抓住冬季夜市的需求缺口，开发出冬季特色产品，弥补了市场空白。创业者应关注不同时间段、节日节点等消费者需求的变化，及时调整产品线。

品牌维护与危机公关：面对恶意竞争与诋毁，欧瀚通过社交媒体公开制作过程，举办展览证明产品质量，成功挽回了声誉。创业者要学会运用各类渠道进行品牌传播和危机公关，维护品牌形象和信誉。

风险提示：

△开展经营活动时，务必遵守相关法律法规，以免陷入不必要的法律纠纷；

△创业者要提前做好品牌防御，同时坚持产品质量和服务，用实力回应对手。

003. 单身经济：创建线上单身平台，估值达5亿元

单身经济，聚焦于独居个体的消费行为，随独身人口规模攀升而日趋重要。现今，以90后、00后为核心的消费主力军更倾向于拥抱单身生活，崇尚便捷、轻量化消费，强调个人舒适度与生活品质，例如，盛行的"一人食"餐厅、单人旅游套餐、微型住宅、个性娱乐等现象。这一单身经济潮流揭示了现代消费的新趋势，为众多创业者开辟了蓝海市场与商业机遇。

经典案例：

思婷是一位生活在都市的单身女性，在洞察到城市中大量单身人群对于便捷、个性化及高品质生活的强烈需求之后，她针对这一市场空白创建了一家专为单身人士服务的线上生活服务平台——"单享生活"。

该平台结合线上线下资源，提供了包括"一人食"外卖定制、迷你家居设计与销售、小型公寓租赁中介，以及个性化旅行套餐等多元化服务。通过精准定位和精致的服务体验，迅速积累了大量的忠实用户。

经过三年的发展，"单享生活"平台不仅实现了盈利，还在2023年获取了超过1亿元人民币的年度销售额，并获得了知名风投机构的A轮融资，估值达到了5亿元人民币。思婷作为创始人兼CEO，不仅引领了单身生活方式的新潮流，也实现了自身的财富积累与事业成功。

创业实战：

市场细分与定位：思婷准确把握了单身经济的趋势，选择服务于都市单身群体这一特定细分市场，提供了一系列符合他们生活方式的独特服务。创业者应该学会发掘并聚焦一个尚未被充分满足或被忽视的市场需求。

资源整合与服务创新：思婷整合线上线下资源，提供"一人食"外卖定制、家居设计、租房中介和个性化旅行等多种服务，这种一站式的生活服务平台模式提高了用户体验和增强了用户黏性。创业者应学会跨行业整合资源，创新服务内容和形式。

用户体验优先：思婷的"单享生活"平台着重于提供便捷、个性化和高品质服务，确保用户享受精致的生活体验。创业者需始终以用户体验为核心来设计产品和服务。

商业模式验证与迭代：在短短三年内，"单享生活"能实现盈利并且获得高额融资，表明思婷及其团队在运营过程中一直在不断优化商业模式，有效地控制成本、增加收入源并提升盈利能力。创业者必须有适合自己的商业模式，这是创业成功的关键所在。

品牌建设与市场营销：思婷通过精准营销策略，使"单享生活"成为单身生活方式的代表品牌，吸引了大量忠实用户。创业者应构建鲜明的品牌形象，采用有效的市场推广手段，扩大品牌知名度和影响力。

资本运作与战略规划：适时引入风投机构进行 A 轮融资，为企业后续发展提供了充足的"弹药"。创业者应具备良好的资本运作能力，制定长远的战略发展规划，并善于借助资本市场推动企业发展。

风险提示：

△ 创业者必须始终保持敏锐的市场嗅觉，灵活调整战略以适应市场动态；

△ 创业者要作好竞争分析，不断创新和差异化服务，维持竞争优势；

△ 创业者要严把服务质量关，建立完善的供应商管理和质量监控体系；

△ 在追求快速增长的同时，保持健康的财务结构，确保资金链安全。

004. 数字经济：在数字经济大潮中创办科技公司，实现双重价值

由互联网、移动互联网所构成的数字经济框架，催化出了崭新的商业模式与经营理念，为怀抱梦想的创业者搭建了广阔舞台，极大地点燃了社会创新与创业激情。同时，政府积极推动相关政策落地，旨在给予创业者一系列优惠政策与便捷通道，助力他们在数字经济浪潮中乘风破浪。与此同时，风险投资机构的繁荣壮大以及各类孵化机构的设立运营，构成了强有力的支撑体系，为创新创业实践提供了不可或缺的资金支持与成长协助。接下来，我们将探讨一个在数字经济背景下成功创办科技公司并实现经济与社会双重价值的案例。

经典案例：

晓梅是一位"90后"创业者，紧跟国家"大众创业、万众创新"的政策导向，早在学校期间，就在科技创新论坛接触 AI 技术。受此启发，她乘政策鼓励之势，不仅携团队在全国大赛夺冠，还荣获了省级创业项目殊荣及 5 万元启动金。于是，晓梅成立 G 市智影科技公司，专攻 AR（增强现实技术）与全息投影技术。有一次，在接手某企业 AR 体验馆建设项目时，面对项目期限紧、技术难度大的情况，晓梅领导团队通宵达旦解决问题，经专家指导不断完善，终在市场竞争中胜出，如期交付优质成果。

后来，晓梅与团队又组建了 G 市星空科技公司，专注于数字孪生与数字艺术，紧跟所在省数字产品制造业发展趋势，积极参与智慧园区、工业及文旅场景的数字化转型。至今，她已带动上千名大学生创业就业，并连续主办公益创业论坛，有力地推动了该省创新创业的进程。在创业路上晓梅坚信创业的核心价值在于引领青年才俊共创事业，实现广泛的社会价

值，而这也是晓梅能够取得成功的关键。

创业实战：

抓住时代机遇：晓梅紧跟国家"大众创业、万众创新"的政策导向，积极参与各类创业赛事，为初创公司赢得了曝光度与资源支持。创业者应密切关注国家政策走向，充分利用政策红利。

明确技术方向：晓梅锁定新兴的AR技术和全息投影技术，以此为基础打造公司核心竞争力。创业者要识别行业发展趋势，找准技术切入点，发挥自身优势，打造独特的技术壁垒。

精准定位与目标市场：晓梅的公司专注于智慧园区、工业、文旅等应用场景，契合黑龙江省数字化转型的政策方向。创业者要深度理解市场需求，精准定位目标市场，确保产品或服务符合市场需求。

强化团队协作与执行力：接到新项目时，面对项目期限紧、技术难度大的情况，晓梅领导团队通宵达旦解决问题，最终顺利完成项目交付。创业者要注重团队建设，培养强大的团队凝聚力和执行力。

持续学习与创新：晓梅通过参加创业大赛、咨询专家等方式持续提升项目质量，促进团队成长。创业者要保持终身学习的心态，积极汲取行业内外的知识与经验，持续优化产品与服务。

风险提示：

△ 需谨慎评估技术可行性与持续研发能力，以防技术过时或被替代；

△ 即便找准了市场定位，也要警惕市场环境和客户需求的变化并及时调整策略；

△ 在快速发展的同时，要注意防范数据安全、知识产权等风险。

005. "出海"经济：将空气净化器远销欧美，出口额超过3亿元

"出海"是指以移动互联网、人工智能、共享经济等新技术和新商业模式向海外拓展业务的行为，其本质是新兴技术产业的出口。对于那些梦想开创自己事业，却苦于无处寻找创业机会的人来说，出海创业如今已成为越来越多人的选择。通过出海创业，不仅能够在全球范围内发掘更多商业机会，还能拓宽视野，将专业技能发挥到极致。下面将通过一个案例，为你揭示出海创业者是如何用科技改善人们生活质量，实现创业梦想的。

经典案例：

钰茗是一位专注于空气净化器研发的"80后"，其自主研发的空气净化器通过跨境电商平台迅速打入欧美等全球60多个国家市场，累计出口额高达3亿元。

欧美消费者之所以纷纷选择钰茗的空气净化器，关键在于其创新的AiroClean空气净化器在保持优秀净化效果的同时，摒弃了传统滤芯更换的设计，并且大幅度降低了运行噪声。相较于市面上常见的空气净化器，滤芯更换频繁且运转时噪声较大，钰茗的产品给使用者带来了更好的用户体验。

传统净化器通常依靠马达、风扇和滤网组合工作，马达产生的噪声和滤网定期更换是常态。而钰茗的产品采用了先进的离子风技术，颠覆了原有设计理念。离子风是一种物理现象，源自被电离的空气分子流动。离子风空气净化器内部通过设置高达2万~4万伏的高压电场，生成正负离子场。在设备的"释放极"，正电场可有效杀灭空气中的细菌，分解有害物质，如甲醛，并使颗粒物带上正电荷；而在"捕获极"，负电场负责吸附

带有正电荷的颗粒物，实现高效净化。简单清洗即可清除掉附着的污染物，无须更换滤芯，且大大降低了运行噪声。

得益于这项硬核科技，钰茗的空气净化器在全球市场上取得了傲人的业绩，累计出口销售额超过3亿元。她的成功打破了外界对中国品牌出口产品仅限于低端、缺乏技术含量的传统认知，以世界级的标准重塑了中国制造的形象，为提升人们的生活品质做出了实实在在的贡献。

创业实战：

技术创新与差异化定位：钰茗的空气净化器产品之所以能在国际市场脱颖而出，关键是她在核心技术上的突破——离子风技术。创业者应当关注行业痛点，寻找并开发具有核心竞争力的技术，打造与众不同的产品特性，从而占领细分市场高地。

市场需求深度挖掘：钰茗深入了解了消费者对于空气净化器的实际需求，尤其是对噪声控制和维护成本降低的渴望，这是产品研发与改进的方向标。创业初期务必做好市场调研，找准目标用户的核心诉求。

借助电商平台拓展市场：利用阿里国际站等跨境电商平台，钰茗有效地将自己的产品推广到了全球60多个国家。这对于初创企业来说，意味着要积极利用现代营销渠道，拓宽销售渠道，这能在降低成本的同时提高品牌曝光度。

持续研发投入与迭代升级：针对空气净化器产品的痛点，钰茗不断投入研发，实现了无须更换滤芯和降低噪声的创新设计。创业者要在初创阶段就树立起技术研发与产品优化的持续理念，不断提升产品质量与用户体验。

打造国际化品牌形象：钰茗坚持高标准严要求，以世界级标准塑造中国品牌，打破了"中国制造"低端廉价的固有印象。创业者不仅要注重产品质量，更要注重品牌的国际化建设，建立高端、专业的企业形象。

风险提示：

△提前规划市场推广策略，包括如何引导消费者了解和接纳新技术带

来的优势；

△ 熟悉不同国家和地区的相关法律法规，确保产品符合当地的市场准入条件；

△ 即使产品设计先进，也需注意供应链稳定性与生产过程的可控性，确保能够按需及时供货，满足市场需求。

006. 沉浸式经济：通过"云养"模式，1000千克小龙虾被网友领养一空

向往拥有宠物的生活，却又不愿承担日常照料工作的烦琐，如铲屎、遛狗、梳理毛发及定时喂食等，那么"云养宠物"无疑是一个理想的选择。同样，希冀品尝自家种植的绿色蔬果，却不愿意躬耕田间，也可尝试在线认养虚拟菜园。随着"互联网+"时代的洪流滚滚向前，万物皆可通过"云端"触达现实，各种"云养"项目正逐渐渗透人们的日常生活。这种新颖的生活体验模式，为创业者提供了许多创业机遇。

经典案例：

邢威是一个小龙虾养殖大户，在疫情肆虐期间，面对线下销售受阻的困境，他积极探索新的销售渠道，大胆尝试了"云养殖"模式。他在热门直播平台上举行了一场别开生面的线上直播活动，向广大网友生动展示了自家小龙虾养殖场的实景，以及小龙虾的生长环境和养殖过程。这场名为"'疫'路同行，云享鲜活"的直播活动，吸引了数万名网友的围观参与。

在直播过程中，邢威巧妙利用"云领养"方式，网友们不仅可以实时观看小龙虾的成长过程，还可以通过线上支付的方式"领养"小龙虾，待养成后由邢威负责捕捞、包装并寄送至领养者手中。这一新颖的销售模式引发了网友们的热烈反响，短短几个小时内，直播间内就有超过1000千克的小龙虾被全国各地的网友"领养"完毕。

此次"云养殖"直播活动，不仅解决了邢威在疫情期间小龙虾滞销的燃眉之急，也为他带来了显著的经济效益。据统计，通过这种方式，邢威成功实现了约 50 万元的销售收入，纯利润达到了近 20 万元，这不仅保障了他的养殖场正常运转，更为其未来的线上销售打开了新的思路和窗口。这场特殊的"云养殖"直播，不仅为邢威创造了实实在在的经济价值，更是在特殊时期，为农产品销售领域提供了一种颇具创新性和可行性的电商营销模式，为业界树立了典范。

创业实战：

创新销售模式："云养"是体验营销的一种模式，属于"体验经济"，强调的是沉浸式体验，因此，需要通过满足消费者幻想式的心理体验，来完成客户价值并获得收益。邢威利用直播平台开展"云养殖"直播销售，这是一种对传统养殖业销售模式的颠覆式创新。创业者需善于发现并结合新兴媒介和工具，如直播、短视频、社交电商等，以新颖的互动方式吸引消费者，拓宽销售渠道。

精准定位与情感营销：邢威通过"云领养"模式，让消费者参与到养殖过程中，增强了消费者的参与感和归属感，实现了与消费者的情感连接。创业者需精准定位目标市场，把握消费者心理，开展有针对性的情感营销。

透明化生产过程：通过直播方式展示小龙虾养殖的全过程，既展现了养殖环境的真实面貌，又建立了相应的信任感。创业者在创业过程中应注重信息公开透明，通过分享产品生产过程，提升消费者对产品的信任度和忠诚度。

快速响应市场变化：面对疫情导致的线下销售受阻，邢威迅速转换思路，利用线上渠道销售，体现出了灵活应对市场变化的能力。创业者应保持对市场动态的敏感度，随时调整经营策略，灵活应对市场风险。

合理定价与效益核算：邢威在实施"云领养"时，需要核算养殖成本、物流成本、人力成本等，设定合理的"领养"价格以保证盈利。创业者在产品定价时，务必综合考量各项成本及预期利润，确保商业模式可持续发展。

风险提示：

△ "云养"模式要时刻关注产品质量，确保产品符合行业标准和消费者期待；

△ "云养"模式如果涉及商业投资与盈利等情况，要谨记高回报意味着高风险。

第02章

互联网创业：
互联网时代的
新商业模式与个体力量

007. 抖音小店：主打原创设计的服装小店，一年内突破月销售额百万大关

抖音小店现在已经成了商业热土，吸引着众多创业者投身其中，意图借助其前进的势头挖掘到人生的"第一桶金"。然而，实际入场后，多数参与者对其运作机制和经营策略的理解尚显模糊。不少人在经历了费心费力的开店流程后，发现自己竟开始茫然，不知从何处着手进行实质性的经营操作。对于那些已经开设了抖音小店，却面临如何启动店铺、如何有效引流、如何提升商品销售等诸多困扰的新手店主们。我们将通过具体实例剖析，帮助新手店主们厘清运营逻辑，优化经营策略，以解决在抖音小店运营过程中遇到的种种问题。

经典案例：

灏辉，新媒体行业的年轻人，洞察到抖音平台蕴含的商业潜力，决定结合自身对时尚潮流的理解和创作才华，开设名为"潮流实验室"的抖音原创设计服装小店。他精心制作并发布搭配建议、潮流资讯等内容丰富的视频，聚集了大量的忠实粉丝，通过创新"种草"手法引流至商品链接，实现流量高效转化。

灏辉秉持原创理念，选用优质面料，设计出极具个性化的服装产品线，精准满足年轻消费者对差异化的追求。他通过充分利用抖音小店的各项营销手段，如限时促销、优惠券发放和直播销售，使得用户的体验和购买欲望得到了显著提升。

同时，灏辉积极寻求与其他抖音达人的合作，拓宽销售渠道，扩大品牌影响力，并高度重视售后服务，建立便捷高效的退换货机制，保障了消费者权益。

经过一年的不懈努力，灏辉的"潮流实验室"抖音小店销售额迅猛增长，月销售额突破百万，成功打造出了一个深受年轻人喜爱的线上服装品牌。

创业实战：

找准市场定位与细分领域：灏辉准确地洞察到抖音平台的商业价值，并结合自身对时尚潮流的理解，选择开设主打原创设计的服装小店"潮流实验室"。创业者应深入市场研究，找准目标客群，挖掘细分市场，打造特色鲜明的产品或服务。

内容营销与粉丝积累：灏辉通过发布高质量的视频内容，传递潮流资讯和服饰搭配技巧，吸引并积累了大量忠实粉丝。创业者应充分利用社交媒体平台，创新内容营销，形成粉丝效应，为产品销售打下坚实基础。

流量转化与变现策略：灏辉巧妙地在视频内容中植入商品元素，采用"种草"方式引导用户点击商品链接，实现流量变现。创业者需掌握引流技巧，将关注度转化为购买行为，同时利用限时折扣、优惠券、直播带货等形式增强转化效果。

产品差异化与品质把控：灏辉坚持原创设计，精选优质面料，满足年轻消费者对个性化和差异化的需求。创业者要关注产品设计与品质，力求在同质化竞争中脱颖而出。

营销工具运用与购物体验优化：灏辉充分运用抖音小店提供的营销工具，提升用户购物体验。创业者应熟练掌握各类电商平台的功能与规则，运用促销手段和优化购物流程，提高用户满意度和复购率。

拓展合作渠道与分销网络：灏辉与其他抖音达人合作，拓宽销售渠道和提升品牌影响力。创业者要懂得合作共赢，通过合作拓展市场，扩大品牌知名度和覆盖面。

健全售后服务体系：灏辉重视售后服务，建立了完善的退换货机制，保障了消费者权益。创业者应牢记服务为本，要建立良好口碑，通过优质的售后服务增强用户黏性。

风险提示：

△ 潮流易变，创业者需密切关注市场动态，适时调整产品策略；

△ 原创设计需注重版权保护，同时要建立品牌知识产权体系，保障自身利益不受侵害；

△ 遵守电商平台及国家法律法规，不得从事虚假宣传、欺诈消费者等违法违规行为。

008. 跨境电商：一年时间从0做到TOP卖家，年收入400万元

跨境电商虽然是一个复杂而具有挑战性的领域，但同时它也为我们提供了广阔的商机和全球市场。对于想做跨境电商的创业者来说，只要能够不断学习、适应和创新，每一个从业者都可以成功开展跨境电商业务，并获得可持续的增长和成功。现实中，就有许多通过做跨境电商实现年收入过百万的例子。

经典案例：

宇鸣来自广东沿海地区，毕业后在传统贸易公司工作两年，意识到电子商务将快速发展的趋势，决定投身其中。在了解敦煌网的跨境电商业务后，他辞掉了现有的工作全力投入到跨境电商领域。为掌握电商运营技巧，他同时经营着五个淘宝店铺，经过数月努力，实现了每月2万元的收入，但他有着更为远大的志向。

凭借两台电脑和坚韧不拔的精神，宇鸣在一个狭小的工作室里夜以继日地研究与实践。六个月后，他的敦煌网店终于步入正轨，曾经的困惑与亏损逐渐转变为坚定的发展信念和跨境贸易实战经验。又过了半年，他开始拓展团队、加大推广力度、扩充办公区域，成功晋升为敦煌网TOP卖家，即顶级卖家，月交易额实现显著翻倍，这一切仅用了短短一年时间。

宇鸣的独特之处在于擅长利用社交媒体进行商品推广，如 Facebook（脸书）、Twitter（推特）及各大海外论坛，他常常在这些地方精准投放广告，有时仅花费 10 美元就能获得高达 8 万次的点击量，高流量带来的是无限商机。此外，他紧跟海外市场动态，如美国拉斯维加斯的网游大赛，敏锐洞察到专业玩家对电脑配件的高品质需求，提前布局，抓住商机，为业务发展注入新的活力。最终，通过这一系列策略和不懈努力，他在一年内实现了从零起步到成为敦煌网顶级卖家的飞跃，并取得了年收入 400 万元的经济效益。

创业实战：

定位明确：宇鸣基于对传统贸易行业的深刻理解与对电子商务趋势的敏锐洞察，准确为自己定位，选择了敦煌网作为主战场。对于创业者而言，找准细分市场和独特定位至关重要，应分析市场需求、行业前景和个人优势，作出合理选择。

提高运营效率：宇鸣通过同时运营多个淘宝店铺来迅速熟悉电商运营流程和规则，这种"多点开花"的策略提高了他对在线交易的理解速度和运营效率。创业者应借鉴此法，寻找可以快速积累实践经验并提升工作效率的方式，例如，多元化的平台实践、工具的应用或流程优化。

精准营销与推广：宇鸣巧妙运用社交媒体进行精准推广，通过 Facebook、Twitter 等平台以低成本获得高点击量，这体现了其高效的市场营销能力。创业者同样需要把握定位，锁定目标客户群，采用精准且具有成本效益的营销手段，提高品牌曝光度和增强用户黏性。

把握市场节奏与热点：宇鸣密切关注海外市场动态，瞄准网游大赛这类热点事件，通过预测并满足消费者的临时性需求，提升了销量。创业者应学会跟踪行业趋势，预见市场热点，灵活调整产品或服务，以适应市场变化。

持之以恒与适时调整：面对创业初期的种种困难，宇鸣展现出强大的毅力，坚持上传产品、优化店铺直至步入正轨。同时，他也懂得在恰当的时机扩大团队、增加推广和改善办公环境。这对于创业者是一个重要启示：既要坚守初心，持之以恒，又要审时度势，灵活调整战略，以适应企业发展各阶段的不同需求。

风险提示：

△在定位和选择市场时，要避免盲目跟风，确保所选领域具有可持续发展空间；

△提升运营效率的同时，不可忽视产品质量和服务，这是保持竞争力的基础；

△创业初期可能会遇到资金紧张、订单稀少等问题，但切勿急于求成，要做好长期作战的心理准备。

009. 网上接活：通过互联网平台接受项目，三年收入500万元

网上接活是指通过互联网平台接受工作任务或项目的一种创业方式。网上接活让工作者不再局限于传统的地理位置限制，可以根据自己的时间和技能在全球范围内寻找适合的工作机会，极大地拓宽了就业和兼职的渠道。事实上，这种形式的工作涵盖了广泛的行业和职业，现在网上接活的方式有很多，如设计师、程序员、翻译、作家、虚拟助手、装修工人、家具安装师傅、电工、司机、配送员等，都可以通过网上接活的方式进行创业。

经典案例：

程潇深耕设计行业多年，积累了丰富的实践经验与人脉资源。早期以"威客"身份活跃在各平台，凭借卓越的设计技能与服务意识，赢得了广泛好评。随着业务规模的扩大和市场洞察能力的深化，程潇意识到个人"威客"向专业化企业服务转型的广阔前景，遂创立一站式设计解决方案

公司——"创意无界"。

利用前期积累的口碑与经验，程潇迅速集结了一支高效、专业的设计团队，全面覆盖品牌形象策划、产品包装、UI/UX设计（用户界面设计与用户体验设计的合称）等领域。他紧握市场脉搏，运用互联网及社交媒体拓展客源，精准对接需求，持续优化服务流程，确保了项目成功率和客户满意度。

程潇积极引进大数据分析、AI（人工智能）辅助设计等前沿技术与理念，加强团队培训与创新能力培养，确保公司在设计行业保持竞争优势。在他的领导下，"创意无界"短短几年间便从个体"威客"跃升为行业知名的企业级设计服务提供商。团队在三年内成功使收入突破500万元，成功塑造了技能变现、快速创业成长的典范。

创业实战：

发挥核心优势：程潇凭借在设计行业多年的实战经验和人脉积累，确立了自己的核心竞争力。对于创业者来说，首先要明确自身的优势所在，将其转化为业务启动的基石。

定位清晰：从个人"威客"转向提供一站式设计解决方案的企业服务商，程潇成功进行了角色转换和市场定位。创业者需精准定位目标市场，发掘蓝海领域或找到已有市场的差异化路径。

组建专业团队：程潇迅速组织起了一支高效、专业的设计团队，保障了高质量的服务输出。建议创业者根据项目需求，招募具有相应技能和经验的人员，建立互补型团队。

深挖市场需求：通过深入洞察市场趋势，程潇准确把握住了客户需求，给客户提供了全方位设计服务。创业者应重视市场调研，关注行业动态，了解客户需求痛点，以此为导向制定产品或服务。

善用网络营销：程潇利用互联网和社交媒体拓展客户群体，精准对接需求。创业者应该积极拥抱数字化营销手段，搭建线上线下相结合的销售渠道，利用搜索引擎优化（SEO）、搜索引擎营销（SEM）、社交媒体推广等方式吸引目标客户。

技术创新与服务升级：程潇引入大数据分析、AI 辅助设计等先进技术，提升服务质量与竞争力。创业者不仅要关注行业新技术，适时引入以增强自身实力，还要定期培训员工，保持团队的创新能力。

风险提示：

△在知识产权保护、合同签订等方面要遵守法律法规，防范法律风险；

△即使业务快速发展，也不能忽视对现有客户的服务质量，要保持良好的口碑；

△了解竞争对手动态，不断创新和优化自身产品或服务，防止被市场淘汰。

010. 社交电商：美妆达人通过社交电商创业，实现年交易额过亿元

社交电商指的是借助于社交媒体工具，如社交网站、微信、微博及其他网络交互平台，融合社交互动特性，鼓励用户生成内容以促进商品的发现、推荐和交易完成。这种模式深度整合了社交功能，如关注商家、分享购物心得、进行社区交流和讨论，将社交网络的行为习惯无缝接入电商交易场景中。社交电商不仅革新了消费者的购物体验，使之变得更加便捷、个性化，同时也开辟了全新的商业疆域，为创业者带来了前所未有的发展机遇。

经典案例：

逸菲，作为社群经济时代的美妆达人与社交电商的创业先锋，以其独特的人格魅力和专业素养，在美妆领域打造出一条年交易额超过亿元的成长之路。

逸菲很早就意识到社交媒体的影响力以及社群经济的巨大潜力。她凭

借自己对美妆产品的深度了解与丰富经验,通过微博、微信公众号、抖音等多平台积累起大量粉丝,并逐渐形成了自己的核心社群——"美妆秘密花园"。在这个社群中,逸菲不仅分享最新的美妆潮流、产品测评心得,还积极与粉丝互动,解答粉丝们关于护肤、化妆的各种问题,迅速确立了行业权威和意见领袖的地位。

洞察到社群粉丝对于个性化推荐和便捷购物的需求,逸菲开始尝试社交电商模式,创立了自己的线上美妆商城,将社群流量有效转化为购买力。借助直播带货、限时抢购、会员专享优惠等多种营销手段,逸菲成功激活了社群用户的消费潜力,实现了销售额的稳步增长。

此外,逸菲不断拓展合作品牌,引入独家代理或定制款美妆产品,满足了社群成员追求新颖、高品质美妆商品的需求。同时,她还特别注重培养社群内的 KOC(关键意见消费者或称关键意见领袖),鼓励他们分享使用体验,形成口碑传播效应,进一步扩大品牌影响力和市场份额。

创业实战:

明确定位,发挥优势:创业者应像逸菲那样,找准自身在特定领域的专业定位,如美妆达人,利用社交媒体平台展现个人魅力与专业素养,积累粉丝群体。

多元化社交布局与社群构建:在微博、微信、抖音等多个主流社交平台进行内容输出,建立和运营具有凝聚力的核心社群,如"美妆秘密花园",通过提供优质内容、互动答疑等方式深化用户关系,树立行业权威形象。

社交电商模式转化:在社群影响力基础上,构建线上美妆商城,采用直播带货、限时特惠、会员系统等多元化营销手段,将社群粉丝的黏性转化为实际购买力,激活社群用户的消费需求。

深耕供应链与差异化竞争:主动寻求与优质品牌合作,引入独家代理或定制美妆产品,满足社群成员对新品、优品的追求,通过产品差异化提升品牌竞争力和市场份额。

KOC 培育与口碑传播：发掘和激励社群中的关键意见消费者，鼓励他们分享真实的产品体验和评价，形成口碑效应，进一步扩大品牌影响力和知名度。

风险提示：

△ 保持对市场变化的敏感度，灵活调整战略，避免落后于行业发展步伐；

△ 坚守合规经营底线，确保商品品质和服务质量，防范可能引发的品牌危机；

△ 避免过于依赖单一社交平台，应采取多平台发展战略，以降低潜在风险。

011. 网站代运营：创立网站代运营服务公司，成就个人财富自由

网站代运营是指将自己的店铺或品牌交给专业的代理进行管理和运营，以达到销售和品牌推广的目的。现在这种模式被越来越多的企业和个体商家采用，因为它可以大大减轻经营者的负担，使其能够专注于产品研发和营销策略的制定。做网站代运营需要具备营销、产品、客服、供应链等全方位的知识，代运营的方式在建站、推广、物流、客服、仓储等领域都有相关的公司涉及。

经典案例：

兆竣是互联网行业的资深人士，深谙中小企业网络营销痛点，于是他创立了专业网站代运营公司"网赢天下"。他提出的一站式服务模式，包含网站策划、设计制作、SEO（搜索引擎优化）、内容更新、数据分析及线上推广等全方位服务，为客户提供个性化解决方案。

凭借敏锐的市场嗅觉和专业底蕴，兆竣带领团队服务过百余家中小企业，通过精准市场定位、精心策划活动，显著提升了客户网站曝光度与品

牌影响力，有效地驱动了流量增长和转化率提升。

秉承客户至上原则，兆竣构建了完善的售后服务系统，确保高质量服务与及时售后支持。这种服务理念赢得了广泛信任与口碑，促进了众多企业与兆竣的长期合作意愿。

经数年奋斗与创新，兆竣不仅助中小企业实现在线业务飞跃，更使"网赢天下"在业界树立了优秀的品牌形象。他自己也借此实现了创业梦想，凭借网站代运营业务的成功运作，积累了丰厚财富。

创业实战：

选择与定位服务对象：兆竣精准定位中小企业为服务对象，了解他们在网络营销方面的痛点和需求。创业者首先应明确目标市场，选取那些在网络营销方面有强烈需求，但缺乏专业团队或资源的企业作为合作伙伴。

创新并完善服务模式：创办"网赢天下"并提出一站式网站代运营服务方案，覆盖从策划、设计、SEO到线上推广等全链条环节。这意味着创业者应不断创新服务内容，提供全面而定制化的解决方案，满足不同客户的具体业务需求。

精准营销与活动策划：兆竣带领团队通过对市场趋势的精准把握，策划线上线下活动，有效提升了客户的品牌曝光度和网络影响力。创业者需学会运用网络营销策略，针对性地提升目标客户网站的访问量和转化率。

客户服务与长期合作：构建完善的售后服务体系，确保客户在享受代运营服务的过程中能及时得到支持与维护，这有助于建立长久的信任关系。创业者须高度重视客户服务，坚持以客户为中心，通过提供卓越服务来稳固客户关系，促进长期合作。

数据分析与优化迭代："网赢天下"团队通过数据分析，不断优化网站性能和营销策略，实现了客户业绩的增长。创业者应熟练掌握数据分析工具，定期审视并优化服务效果，驱动业务持续改进和发展。

风险提示：

△在处理客户数据、知识产权、网络安全时，务必遵守相关法律法

规，规避法律风险；

△ 网站代运营涉及多种技术领域，要确保团队具备相应的技术和专业知识，同时应招聘和培养合适的人才队伍；

△ 在与客户签订合作协议时，要明确双方权责，设定合理的预期目标，同时应预留一定的风险应对措施，以应对可能出现的市场变化或其他不确定性因素。

012. 拼多多店铺：开设拼多多店铺，月流水突破100万元大关

随着电子商务的迅猛发展，越来越多的人开始关注拼多多这个以"拼团"模式闻名的电商平台。对于新手来说，开设一个拼多多小店是一个很好的创业机会。本文将通过一个开设拼多多小店的案例，帮助创业者进入这个竞争激烈的市场。

经典案例：

陈睿原本在一线城市从事IT行业，但他内心始终燃烧着自主创业的火焰。经过深思熟虑和详尽市场调研后，他瞄准了拼多多平台，开设了一家专注于高性价比家居日用品的店铺——"生活优选"。

陈睿对拼多多用户的特性有着精准洞察，他发现拼多多平台的消费者对于物美价廉的日用百货需求巨大。于是，他充分利用家乡优质货源的优势，直接从源头采购各类高品质生活日用品和创意家居饰品，不仅保证了商品质量，还大幅降低了成本。他还巧妙运用拼多多平台特有的拼团模式，通过发放优惠券、举办限时折扣和满减活动等多种营销策略，成功激发了消费者的购买热情与参与度，使得店铺销量与知名度迅速攀升。同时，他对售后服务格外重视，始终保持友好且高效的沟通态度，有效地提升了店铺的好评率及回头客比例。他还借助拼多多的大数据工具深入分析

用户购物行为和喜好，紧跟市场需求定期上新，并针对产品描述和图片展示进行精细化优化，从而显著提高了转化率。

经过一年多的辛勤耕耘，陈睿经营的"生活优选"拼多多店铺实现了销售额的稳步增长，月流水突破了100万元大关，这不仅成就了他的个人创业梦想，还带动了家乡相关产业的发展，创造了依托电商平台实现自我价值和社会效益双重丰收的成功创业范例。

创业实战：

精准定位与货源挖掘：陈睿首先对拼多多平台用户特征进行了深入了解，定位高性价比家居日用品市场。创业者应借鉴此法，对目标市场进行详尽调研，找准切入点，挖掘自身资源优势，确保商品既能满足市场需求，又能保持成本优势。

营销策略与平台规则运用：充分利用拼多多平台特点，如拼团模式，通过发放优惠券、限时折扣、满减活动等营销手段吸引消费者，提高店铺活跃度和销量。同时，要熟悉并严格遵守平台的各项规则，合法合规经营。

商品质量与成本控制：陈睿直接从源头采购商品，确保了产品质量和成本优势。创业者需重视供应链管理，找寻优质且成本可控的供应商，同时要严格把控商品质量，力求为消费者提供物美价廉的商品。

精细化运营与优化：运用拼多多大数据工具分析用户行为，根据市场反馈定期更新商品，优化产品描述和图片展示，以提升转化率。创业者应注重数据分析，实施精细化运营，不断提升用户体验。

优质的售后服务：陈睿注重售后服务，保持和顾客的高效沟通，提高了好评率和回头客比例。创业者应将售后服务视为关键环节，建立健全服务体系，增强顾客满意度和忠诚度。

风险提示：

△ 严格遵守平台规定，严禁销售违禁品，一旦违规，将面临严厉处罚甚至封店风险；

△坚决杜绝虚假宣传、换商品、描述与商品不符等欺诈行为，否则将对店铺生存构成致命威胁；

△新手创业者初期应专注经营一家店铺，待经验成熟后再考虑扩张。

013. 淘宝店铺：开设淘宝店铺，年收入40万元

淘宝是一个能以低成本甚至零成本试错的空间。商家只需要把创意、想法、创业的冲动加入实战，平台上的消费者就会给予最真实直接的反馈。现实中，数十万家各具特色的淘宝店铺能满足人们五花八门的需求，每天都有成千上万件新奇商品在淘宝上架，这里已经成为年轻人的创意展示阵地，以及话题聚集地。在这些年轻人的创业故事里，包裹着热爱与努力，希冀与梦想。他们或者眼光独到，起步即成功，或者因经验、方向等原因，曲折前行。相同的是，他们都还在继续向成功的道路前进。

经典案例：

安浩学业未竟，携带8000元闯荡蓉城，先后从事数码、医疗器械销售，几经波折。2020年返乡转战外贸却惨遭40万元的巨额亏损。在人生低谷，他因泰迪犬"豆豆"与苏晓晴相识，这成为他生活的重要转折点。两个人通过在社交平台分享"豆豆"日常，意外走红并获邀代言狗窝，首次获利500元，由此安浩开启了宠物事业的新篇章。

2021年5月，安浩的宠物用品淘宝店正式上线，主打宠物零食，凭借"双十一"单日发货量2000单的佳绩，团队迅速扩张至30人，并引入专业宠物医生严控产品质量。店铺约20%商品为自主研发，他与苏晓晴深度研究宠物营养学，推出自主品牌"豆豆妹妹"，在零食创新中精益求精，如细致调配炖汤罐头中胡萝卜的比例以保证营养口感俱佳。

"豆豆"作为形象代言人，其吃播视频深受百万粉丝喜爱，成为网红宠物。现在安浩的店铺年收入已达40万元。安浩深情感慨："勇敢踏出舒

适区，方能遇机缘，豆豆与苏晓晴是我生活的转机，淘宝平台让我重拾信心，做自己热爱之事，实则是给我生活的一次重生。"

创业实战：

找准市场定位与兴趣结合：安浩发现宠物市场的商机，并结合自己对宠物的热爱，找准了以宠物零食为主营产品的市场定位。创业者应结合个人兴趣与市场需求，寻找独特的创业切入点。

利用社交媒体平台进行品牌推广：安浩通过发布宠物短视频，吸引了大量粉丝关注，进而开启了与粉丝互动的新型营销模式。创业者可以借鉴这种方法，借助短视频平台、社交媒体等新媒体工具，以有趣、有价值的内容吸引潜在客户，建立品牌形象。

内容营销与产品植入：安浩通过宠物"豆豆"拍摄吃播视频，成功将产品自然融入到内容中，实现了软性推广。创业者可学习这种内容营销方式，巧妙地将产品推广嵌入到有价值的内容中，以提高转化率。

产品研发与品质把控：安浩团队进行自主研发，注重产品品质，配置宠物医生以确保产品科学合理、营养均衡。创业者要重视产品的创新与品质，通过专业团队和技术支持，打造独具特色且能满足消费者需求的优质产品。

粉丝经济与口碑营销：借助"豆豆"成为网红宠物，安浩成功将粉丝转化为客户，通过口碑传播带动销售。创业者应积极探索粉丝经济，通过情感连接和互动建立忠实粉丝群体，形成良好的口碑效应。

风险提示：

△创业者需要持续关注市场动态，灵活调整产品策略；

△在整个开店过程中，需保证店铺的合法性，并提供真实的身份信息和经营情况；

△创业者应适当尝试多元化销售渠道，同时也要关注电商平台规则的变化。

014. 网络广告：通过做网络广告，三年实现利润900万元

随着智能手机和平板电脑等移动设备的普及，用户在线时间大幅增加，并且呈现出一种高度碎片化的使用习惯，这为网络广告行业提供了前所未有的市场空间和发展潜力。移动互联网时代的广告市场极具潜力，但是如何从中分一杯羹？下面，我们就通过案例来探讨一下这个创业新机会，希望能够帮助读者实现财富自由！

经典案例：

桦风，广告界资深策划，凭借深厚的网络营销专业知识与实战经验，洞察到互联网广告市场的井喷式发展，毅然辞职创办"智点网络"数字营销与广告服务公司。在其领导下，仅三年时间，公司实现了利润翻倍。

起步之初，桦风依托"智点网络"，运用大数据和人工智能技术精准投放广告，显著提升了客户广告转化效果，使公司在业内迅速崛起。随后，他带领团队与微信、抖音、快手等主流社交平台达成战略合作，为客户提供定制化的创意广告，并借助KOL（关键意见领袖）推广、短视频营销等形式，有效扩大了品牌影响力，推动销售额连创新高。

"智点网络"还提供多元化服务，如SEO、SEM以及程序化购买等，帮助企业全面布局线上广告市场，提升品牌知名度和市场份额。在短短三年间，凭借桦风的专业战略部署、精准数据驱动以及优质客户服务，公司不仅树立了良好口碑，更实现了900万元的高额利润，真正实现了年利润翻倍的高速增长，成为网络广告领域的耀眼之星。

创业实战：

精准定位与行业趋势洞察：桦风凭借在广告行业的深厚背景和对网络

营销趋势的敏锐观察，找准了数字营销与网络广告服务这一创业赛道。创业者应关注行业发展趋势，结合自身专长与市场需求，精准定位创业方向。

核心技术与服务创新："智点网络"利用大数据和人工智能技术进行广告定向投放，显著提升了广告转化效果。创业者应注重技术研发和创新应用，打造具有竞争力的核心服务，满足客户需求，助力客户实现业务增长。

战略合作与平台布局：桦风积极寻求并与主流社交媒体平台建立战略合作关系，拓展了多元化的广告投放渠道。创业者应主动寻求跨界合作，优化资源整合，灵活布局不同平台，适应市场变化。

定制化服务与多元化产品线："智点网络"提供一系列包括 SEO、SEM、程序化购买等在内的多元化服务，满足了不同客户和平台的个性化需求。创业者需了解并满足客户需求，不断完善和丰富产品线，为客户提供全方位的解决方案。

客户服务与品牌建设：桦风强调要提供优质的客户服务，要树立良好口碑，进而推动品牌影响力提升。创业者应注重客户服务的质量与满意度，通过口碑营销强化品牌，吸引更多客户。

风险提示：

△ 网络广告创业需要关注技术创新，以及广告形式的多样化；

△ 网络广告创业需注重用户体验、数据合规和隐私保护等方面；

△ 与第三方平台的战略合作需预先评估合作风险，签署具有法律效力的合作协议。

015. 互联网外卖：从零起步做互联网外卖，三年突破千万元大关

在当今互联网时代，外卖配送已成为创业的新蓝海。而互联网外卖具有进入门槛低、市场需求大、创业形式灵活多样等特点，非常适合个体创

业者，其能够为创业者提供更多的选择空间。下面介绍和分析一个鲜活的例子，以帮助读者在这一领域的创业取得成功。

经典案例：

佑宁曾是一名在传统餐饮行业积累了丰富经验的厨师。随着互联网行业的蓬勃发展，他敏锐地捕捉到餐饮与互联网结合的巨大潜力，并决定开创自己的线上水饺品牌——"美味速递"。

佑宁首先深入研究了消费者需求和市场趋势，精心打造了多款特色口味水饺，严选优质食材，确保品质安全和口感独特。同时，他选择入驻美团外卖平台，利用其广泛的用户基础和便捷的配送服务，将高品质的产品迅速推向市场。除此之外，他还积极运用网络营销策略，通过定期发布优惠活动、新品试吃以及互动营销等方式吸引并留住顾客。他还特别注重提升顾客体验，从下单流程优化、出餐效率提高到包装设计细节，都力求尽善尽美。

"美味速递"凭借精良的产品和优质的客户服务，在美团外卖平台上逐渐崭露头角，月销售量成功突破万单大关。与此同时，佑宁也在不断扩大团队规模，引入先进的生产管理技术和设备，进一步提升了生产和配送效率。

经过三年时间的不懈努力，"美味速递"在线上水饺市场的影响力持续扩大，年营业额更是实现了从零起步到突破千万元大关的飞跃，成为"互联网＋餐饮"领域中的一颗璀璨明星，这为佑宁的个人创业之路画上了浓墨重彩的一笔。

创业实战：

发现机遇与转型创新：佑宁从传统餐饮业出发，准确把握互联网带来的餐饮消费模式变革，开创了线上水饺品牌"美味速递"。创业者应善于洞察市场趋势，勇于尝试将传统产业与新技术、新模式相结合，寻找新的商业机会。

产品研发与品质把控：佑宁通过深入研究消费者需求，推出了多款特色口味的水饺产品，并严选优质食材以保证食品安全和口感。创业者应坚持以市场需求为导向，研发具有核心竞争力的产品，并严格把控产品质量，赢得消费者的信任。

战略合作伙伴的选择与借力：佑宁选择入驻美团外卖平台，利用其强大的用户基础和成熟的配送体系，迅速打开市场。创业者在初期可考虑与成熟电商平台或其他服务提供商合作，降低运营成本，拓宽销售渠道。

网络营销与用户黏性构建：利用优惠活动、新品试吃和互动营销等方式吸引并维护客户群。创业者应充分利用社交媒体、网络广告等多种渠道进行品牌推广和客户关系管理，增强用户黏性，培养忠实粉丝群体。

优化服务体验：佑宁重视每个环节的用户体验，从下单流程、出餐速度到包装设计都追求卓越。创业者在创业过程中，务必要全面审视客户接触点，不断提升服务质量，形成差异化的竞争优势。

规模化经营与技术创新：随着业务的发展，佑宁不断扩大团队规模，引进先进技术和设备，提高生产和配送效率。创业者在成长阶段应适时扩大产能，引入现代化管理模式和工具，以应对日益增长的市场需求。

风险提示：

△鉴于食材供应稳定性、价格波动等因素，创业者需要建立稳健可靠的供应链管理体系；

△食品行业的法律法规严格，须确保经营活动合法合规，健全质量监管和危机公关机制。

016. 自媒体创业：借力深度内容与互动营销策略，实现年收入100万元

自媒体创业是一种新兴的网络创业形式，它根植于个体独特的知识积淀、专业技能和浓厚的兴趣爱好，并借助当今无所不在的互联网平台，

诸如微博、微信公众号、知乎专栏以及其他各类社交媒体和内容分发渠道，来创作、分享和传播各种类型的内容。这种创业模式的核心在于通过高质量的内容输出和互动营销策略，最终达成稳定的收入和可观的盈利目标。在当下，自媒体创业风头正劲，许多创业者凭借自媒体收获了不菲的业绩。

经典案例：

周宇是一位对科技领域充满热情的年轻人，洞察到自媒体行业的发展趋势和巨大潜力。他凭借自身扎实的技术背景和敏锐的市场洞察力，创办了个人自媒体品牌"科技小周"。

周宇以专业且深入浅出的内容作为核心竞争力，定期在微信公众号、头条等主流自媒体平台发布科技产品评测、行业趋势分析以及实用技巧分享等内容，快速积累了大量关注科技领域的忠实粉丝。

"科技小周"非常注重与用户的互动交流，通过举办线上问答、直播互动、话题讨论等活动，建立了高活跃度的社群，并积极回应用户需求，提供个性化的产品推荐与咨询服务。

周宇巧妙运用商业变现模式，如接受科技厂商的合作推广、开设付费阅读专栏、举办线上线下培训课程等多元方式，成功将庞大的流量转化为实实在在的经济效益。

经过数年的辛勤耕耘，周宇的自媒体品牌"科技小周"影响力逐渐扩大，并在科技圈内树立了权威形象，同时也实现了年收入突破百万的目标，成为自媒体风口上的一位"科技弄潮儿"。周宇生动诠释了如何通过深度内容创作与互动营销相结合的方式，在自媒体行业中闯出一条成功的创业道路。

创业实战：

找准定位与发挥优势：周宇凭借对科技领域的热爱与专业背景，创建了个人自媒体品牌"科技小周"，并专注于科技产品评测、行业趋势分析等内容。创业者应根据自身兴趣、专业优势找准市场定位，打造出具有鲜明特色和专业性的内容品牌。

多平台布局与内容策略：周宇在微信公众号、头条号等主流自媒体平台同步发布内容，利用不同平台的特点吸引目标用户。创业者应充分掌握各大自媒体平台的规则与特性，制定跨平台的内容发布策略，实现用户覆盖的最大化。

互动营销与社群建设："科技小周"通过线上问答、直播互动、话题讨论等形式，与粉丝建立强互动关系，并构建了高活跃社群。创业者应注重与用户建立深度连接，通过互动营销增强用户黏性，形成稳定的粉丝群体。

内容创新与用户需求匹配：周宇根据用户需求提供个性化的产品推荐与咨询服务，确保内容符合用户期待。创业者应时刻关注用户需求变化，不断创新内容形式，为用户提供有价值的信息和服务，以满足用户需求。

多元化商业变现："科技小周"通过接受科技厂商合作推广、开设付费阅读专栏、举办培训课程等方式实现商业化。创业者应探索多元化的盈利模式，结合自身内容特点和用户特性，灵活选择合适的商业变现途径。

风险提示：

△需始终保持内容原创性和高质量，坚守职业道德底线；

△自媒体创业者在进行商业活动时，需确保符合国家相关法律法规；

△应持续关注用户需求变化，提升互动体验，为用户提供优质内容和服务以增强用户黏性。

第03章

AI创业：
人工智能开启新时代
创业蓝海

017. 旅游和酒店行业：开发移动应用，年营业收入超过1亿元

近年来，随着AI技术的快速发展，为各行各业带来了巨大的影响。旅游业作为全球最大的服务性行业之一，也在AI技术的引领下迎来了新的创业应用。比如，在旅游领域，AI技术可以通过分析用户的兴趣、偏好、时间和预算等数据，提供个性化的旅游规划建议。AI还可以通过语音识别和自然语言处理技术，实现与用户的直接对话，为他们提供更加智能的旅游规划服务。除此之外，在旅游预订、旅游体验、旅游安全上，AI技术也可以打造出许多应用场景。

经典案例：

纪波曾任某知名在线旅游平台的产品经理，凭借自身在旅游业的深厚经验和对AI技术的独特见解，于2020年辞职创立了"旅享家AI"公司。

纪波带领团队开发了一款名为"旅享家AI旅行助手"的移动应用，该应用融合了AI技术，可根据用户的历史行为、兴趣偏好，以及实时天气、节假日、热门景点等多维度数据，为用户提供个性化的旅游攻略、目的地推荐和智能行程规划。同时，还整合了全球各地酒店资源，实现一键式在线预订服务，为用户打造无缝衔接的旅行体验。

在历经几年的努力后，"旅享家AI旅行助手"因其出色的用户体验和精准的个性化推荐，迅速积累了大量用户。截至2023年底，该应用已拥有超过1000万的下载量，每月活跃用户数达500万人，其中付费用户比例逐年增长，占据了细分市场的领先地位。在商业模式上，纪波的公司主要通过与酒店、航空公司、景区等旅游服务提供商合作并收取佣金，以及向用户提供会员增值服务收费，其年营业收入超过1亿元人民币。

创业实战：

挖掘用户需求与痛点：纪波首先深入了解了旅游市场的用户需求，他发现用户对个性化旅行建议和服务的需求日益增长。他以此为突破口，研发了能提供个性化推荐的 AI 旅行助手。

技术驱动创新：结合 AI 技术，打造具备智能规划和个性化推荐功能的移动应用，通过算法学习和分析用户行为，提供定制化的旅行方案。

资源整合与合作：纪波的公司整合了全球酒店资源，与各大旅游服务提供商建立了合作关系，通过 API（应用程序编辑接口）实现在线预订功能，能够为用户提供一站式的旅行解决方案。

产品优化与用户体验：不断优化 AI 算法，提升产品精准度和响应速度，同时关注用户体验设计，确保界面友好，操作简便，让用户愿意频繁使用和分享推荐。

商业模式创新：采用佣金模式与旅游服务提供商合作，通过促成交易抽取一定比例的佣金。同时，开展会员服务，提供增值服务以获取额外收入。

市场营销与品牌建设：运用线上线下多种方式进行市场推广，通过口碑传播、社交媒体营销和内容营销等手段提升品牌知名度和影响力。

风险提示：

△ 要持续创新和优化产品以抢占市场份额；

△ 要严格遵守个人信息保护法规，确保用户隐私和数据安全；

△ 新兴的 AI 技术在旅游行业的应用并非所有用户都能立即接受，需要通过市场教育和示范应用，逐步提高市场认可度和用户接纳度。

018. 无人驾驶：研发5G无人驾驶舱，为煤矿和港口各节省数百万元

无人驾驶是未来交通领域的核心发展方向，其核心技术即为AI技术在驾驶自动化中的应用。这一趋势旨在通过集成AI技术来革新驾驶模式，不仅有望显著提升道路交通的安全性能，而且对于优化整体交通流、提高运输效率具有重大意义。创业者可以开发出基于AI的自动驾驶解决方案，为人们提供更安全、高效的交通解决方案。

经典案例：

唐思翰的双亲曾是山西某煤矿附属中学的教师。他自幼与矿区子弟共同成长，深深体会到煤矿开采工作的高风险性。如何确保大型机械设备的安全高效作业，这一问题在他心中悄然埋下了探索创新的种子。后来，唐思翰考入了太原理工大学机械工程学院，并在之后保送至浙江大学攻读硕士学位。读研期间，他与室友敏锐洞察到5G与无人驾驶的发展趋势，于是决定毕业后共同创业。硕士毕业之后，他们成立了一家名为"智驭科技"的公司，致力于为自动驾驶系统提供可靠的远程安全保障。

创业之初，唐思翰组建了一个主要由浙江大学、太原理工大学等高校的博士和硕士组成的团队。经过不懈的努力，他们研发的5G无人驾驶舱在中国优秀工业设计奖评选中荣获银奖，也为煤矿和港口行业带来了巨大的经济效益。

唐思翰双亲所在的煤矿，在引入5G无人驾驶舱后，取得了显著的经济成果。在过去，煤矿的机械设备操作需要矿车司机亲自驾驶，这不仅存在安全风险，还需要大量的人力投入。唐思翰团队的5G无人驾驶舱彻底改变了这一现状。矿车司机可以在控制中心通过无人驾驶舱精准地操作矿

车，而无须亲自上车。这不仅提高了作业安全性，还节省了人力成本。通过无人驾驶舱，矿车司机可以在一个舒适的控制室内操作多辆矿车，而无须亲临现场。这使得矿车的作业效率大大提高，减少了因人为操作错误而导致的事故和停工。此外，无人驾驶舱还可以实时监测矿车的状况，及时发现并解决潜在问题，进一步提高了设备的可靠性和工作效率。

由于5G无人驾驶舱在煤矿行业取得了成功，唐思翰团队开始将这项技术推广到港口行业。他们为港口的物流穿梭车和清扫车引入了远程驾驶技术，实现了无人化作业。这不仅提高了工作效率，还降低了运营成本，为城市园区的维护工作带来了显著的经济效益。

目前，5G无人驾驶舱已在矿山及港口得到广泛应用，通过提高作业效率、降低人力成本和减少事故停工时间，煤矿和港口的运营效益得到了显著提升。根据初步估计，山西的这家煤矿在引入无人驾驶舱后，运营成本降低了约15%，每年可节省数百万元的人力成本，并减少了数十起事故导致的停工。在港口，无人驾驶舱使物流穿梭车和清扫车的运营成本降低了约20%，每年为港口节省了数百万元。

创业实战：

洞察市场趋势：创业者应效仿唐思翰团队，敏锐地观察和了解市场趋势，将无人驾驶技术与当前的社会需求相结合，寻找具有潜力的行业和领域，为创业提供有利的市场机会。

构建强大团队：组建一支具备相关技术和专业知识的团队，团队应该有工程师、专家和行业顾问，以确保创业项目能够得到专业的支持和技术实施。

聚焦解决方案应用：要注重与行业合作伙伴建立紧密的合作关系，将无人驾驶技术应用于具体行业，解决实际问题，为用户提供高效、安全和可持续的解决方案，以共同推动技术的应用和市场的拓展。

风险提示：

△无人驾驶技术涉及大量的数据和信息传输，应确保技术的安全性和

保护用户隐私；

△研发无人驾驶应用必须遵守当地的法律法规和政策要求，并与相关监管机构进行合规沟通，以确保业务的合法性和可持续发展。

019. 健康和医疗领域：自主研发健康监测应用，估计年收入超过10亿元

在健康和医疗领域，可以使用 AI 技术开发健康监测应用、医疗诊断工具或健康管理平台，为人们提供个性化的健康建议和远程医疗服务。人工智能领域资深研究员明凯自主研发的健康监测应用就是一个成功的例子。

经典案例：

明凯曾任中国一流互联网企业 AI 实验室首席研究员，专注于 AI 研发管理，在此期间他深刻意识到 AI 在健康医疗领域的广阔前景。针对公众健康管理需求的增长与医疗资源分配不均衡问题，明凯毅然投身创业。

他带领团队研发出名为"健康守护神"的 AI 赋能健康监测应用。该应用可实时同步智能穿戴设备记录的生理数据，如心率、血压、血糖、睡眠情况等，结合用户个人信息，利用先进的 AI 算法分析并提供个性化健康建议及疾病风险预警。此外，还开创性集成了远程医疗功能，让用户在获得初步 AI 诊断的同时，预约在线视频咨询服务，直连平台签约的医疗专家，极大地方便了偏远地区居民就医。

商业运营上，明凯采用订阅制服务搭配 B 端合作模式，个人用户可选择不同等级的会员服务，企业用户则购买团体健康管理套餐供员工使用。他还积极推进与保险公司的战略合作，将"健康守护神"服务嵌入特定保险产品，增加增值服务收益。

至 2023 年底，"健康守护神"累计注册用户突破千万，其中数百万用

户转化为付费订阅用户。虽然具体盈利数据未公开，但据市场保守估算，假设每位付费用户年费约为 300 元人民币，加上 B 端合作收益和保险服务分成，明凯主导的"健康守护神"项目年收入可能已经超过 10 亿元人民币，成为健康医疗 AI 创业领域一个杰出的成功案例。

创业实战：

精准定位市场与解决痛点：明凯精准定位在健康医疗领域，大众对于健康管理需求以及医疗资源分布不均的问题，利用 AI 技术开发健康管理平台，解决了用户个性化健康监测和远程医疗的需求。

核心技术自主研发与持续创新：明凯带领团队自主研发 AI 算法，确保了产品具有强大的数据处理和分析能力，提供个性化的健康建议和初步诊断，这体现了核心技术自主的重要性，也是持续创新和保持竞争力的基础。

多元化商业模式与合作策略：采用订阅制服务模式，同时拓展 B 端市场，与企业合作提供员工健康福利，并与保险公司合作，将健康管理服务打包为保险产品的增值服务，这表明了多元收入来源对于初创企业抵御风险和快速成长的重要性。

用户至上与服务优化：注重用户体验，通过实时监测、个性化建议、远程医疗等功能，切实提升用户生活质量，同时不断迭代产品和服务，满足用户的需求。

资源整合与伙伴关系建立：明凯积极与医疗机构、保险公司和企业等各方建立合作关系，通过资源共享和利益捆绑，共同打造健康医疗生态圈，为创业项目拓展市场空间。

风险提示：

△ 确保数据安全、遵守隐私保护法规；

△ 产品和服务需要不断创新以满足市场需求；

△ 时刻关注并适应相关法律法规的要求，否则可能面临罚款、停业等风险。

020. 智能家居和物联网：研发智能家居管理系统，创造纯利润1000万元+

智能家居和物联网是近年来互联网科技发展的重要方向，其市场潜力巨大，对于创业者来说，这是一个非常具有发展前景的领域。在智能家居和物联网这个项目中，可以构建智能家居解决方案，包括智能家居设备和应用程序的管理。

经典案例：

南涛曾任职于某大型科技公司物联网部门，积累了丰富的智能家居产品研发经验。在2018年，他抓住了物联网与智能家居蓬勃发展的时代机遇，创办了"智尚生活"公司，专注于研发智能家居解决方案。

南涛领导团队研发出一款集成物联网技术的智能家居管理系统——"智尚家居"，该系统能够兼容市面上主流的智能家居设备，实现一键式设备连接与统一管理。此外，他还推出了配套的移动端应用程序，方便用户随时随地掌控家中智能设备状态，并提供个性化的智能场景定制服务。

在2020年至2022年间，南涛通过参加各类科技展会、线上推广以及与房地产开发商、装修公司合作等方式，成功推广了"智尚家居"系统，累计销售逾百万套，覆盖了全国各地数千个小区。再加上通过提供持续的软件更新服务、高级功能订阅以及与硬件厂商的合作分成，公司实现了稳定盈利。截至2023年底，公司年度总收入突破了5000万元，纯利润超过1000万元，成功地实现了创业目标。

创业实战：

技术研发与市场契合：南涛始终坚持将市场需求与技术创新紧密结合，通过深度研究用户需求，打造出了易用性强、兼容性高的智能家居解决方案。

生态系统构建：积极与硬件厂商合作，建立开放的智能家居生态系统，使"智尚家居"系统能够接入更多品牌和类型的智能设备，扩大了市场占有率。

商业模式创新：除了设备销售收入外，南涛还采用了订阅制商业模式，提供增值服务，如云存储、智能场景高级定制等，形成了持续稳定的收入流。

风险提示：

△技术更新迭代快，需要不断投入研发，保持产品的技术领先性；

△数据安全与用户隐私保护至关重要，必须严格遵守相关法律法规，建立可靠的数据加密和隐私保护机制。

021. 数字内容和教育：用AI技术开发智能教育软件，年度总收入1000万元

AI教育的核心理念是利用人工智能技术提升教学的效果和效率，满足用户个性化教育的需求。AI技术在数字内容和教育领域极具应用及商业潜力。在这个领域创业，可以通过AI辅助工具提高内容生成的效率和质量，同时也可以开发在线教育平台和智能教育工具，以提供个性化的学习体验。下面就来看看这方面的一个成功案例。

经典案例：

建波，作为人工智能领域的资深实践家，洞悉市场需求并定位目标用户后，倾力打造了革新教育行业的"智慧导师"项目。其核心技术研发团队创新开发了一款集成先进AI内容生成器的智能教育软件，能够按照国家大纲及个体学情动态生成个性化教材和习题，并深入分析学生的行为、认知及偏好，大幅提升教育资源智能匹配度与精确性。

在核心技术革新进程中，建波强调合作共赢，推动建立了与各个机构、组织的广泛战略合作网络。一方面，"智慧导师"携手多家知名教育机构共享资源，确保产品能适应多元需求；另一方面，联合顶级教育研究者和技术专家组成顾问团队，保障了产品设计理念与教育策略与时俱进，保持了业界领先优势。

在团队建设上，建波展现出卓越的领导才能，构建了一支由教育学者与AI工程师跨界组合的核心团队，通过举办内部研讨会、提供专业培训及设立激励机制，激发了团队潜力，培养了一批富有激情且追求卓越的人才。历经两年的努力，"智慧导师"凭借技术创新与教育资源的有效整合，在线发布后迅速赢得了广大家长、学生及学校的热烈反响和深度合作。

在资本助力下，"智慧导师"项目得到多轮天使投资和风投支持。截至2023年底，此项目年度总收入超过1000万元，实现了稳定盈利，成为AI教育领域的成功典范。

创业实战：

市场定位明确：建波首先进行了详细的市场调研，明确了目标客户群体（如零售业、安防、制造业等），了解了他们对于AI视觉识别的需求痛点，并据此设计定制化的解决方案。

合作与联盟：寻求与大型企业、研究机构的战略合作，共享数据资源，共同开发新应用场景，增强产品的实用性和市场接受度。

多元融资策略：积极寻求天使轮、A轮等早期风险投资，合理规划股权结构，同时探索政府补贴、创新创业大赛奖金等多种资金来源。

团队建设与人才培养：组建跨学科团队，包括技术专家、市场营销人员和商务拓展人才，建立良好的企业文化，吸引和留住优秀人才。

风险提示：

△在处理大量视觉数据的过程中，请务必遵循相关法律法规；

△即使技术先进，也需关注市场对于AI产品的接纳程度；

△AI视觉识别赛道上竞争者众多，需不断巩固自身优势，形成独特卖点。

022. 绿色科技和可持续发展：研发智能能源管理系统，年销售额突破5000万元

在绿色科技和可持续发展这个创业项目中，大家可以利用 AI 技术开发节能设备、可再生能源管理系统或智能环境监测解决方案。下面这个案例描绘了创业者朱铣成如何利用 AI 技术在绿色科技和可持续发展领域进行创业，开发出具有竞争力的节能设备和智能管理系统，从而在改善环境质量的同时，也为企业带来了显著的社会效益和经济效益。

经典案例：

朱铣成是一名环保工程师，一直关注着绿色科技和可持续发展领域。早在 2015 年，他就洞察到了能源管理和环保监测的巨大市场需求，创立了一家名为"绿动未来"的科技有限公司。

朱铣成带领团队研发了一款名为"生态智能引擎"的智能能源管理系统，该系统运用 AI 技术，能够实时监测和优化建筑物的能源消耗，通过对电力、水资源等数据进行深度学习分析，自动调整设备运行参数，有效降低能耗。此外，他们还开发了一套基于物联网技术的环境监测解决方案，通过布置在城市公园、工业区等地的智能传感器，实时监控空气质量、水质状况等环境指标，并通过 AI 算法预测环境变化趋势，为政府部门、企业和公众提供科学的环保决策依据。

朱铣成和他的公司凭借其先进的 AI 技术和极具前瞻性的产品理念，在短短几年内就赢得了市场的广泛认可。到 2023 年，他们的智能能源管理系统"生态智能引擎"已在上千商业楼宇和公共设施中投入使用，累计节省电能超过 50%，减排二氧化碳数千吨。环境监测解决方案也在全国范围内部署，有力地支持了各地的环保治理工作，公司年销售额也突破了 5000 万元

人民币，成功实现了盈利，并吸引了多轮融资，估值达到了数亿元人民币。

创业实战：

市场洞察与定位：朱铣成成功的关键之一是他准确洞察了市场对绿色科技和可持续发展的迫切需求，选择了节能设备和智能环境监测两个细分领域作为创业方向。创业者应深入调研市场需求，要找准尚未被充分满足的市场痛点，为创业项目找到精准定位。

技术创新与产品开发：朱铣成带领团队研发了"生态智能引擎"智能能源管理系统和物联网环境监测解决方案，这说明创业者应当坚持技术创新，开发具有核心竞争力的产品。在产品设计时，应充分利用AI技术和其他前沿科技，实现产品的智能化、高效化和环保化。

资源整合与合作：成功的项目往往离不开资源整合，朱铣成通过与建筑商、物业管理公司、环保机构等多方合作，将产品推广到实际应用场景中。创业者应学会寻找合作伙伴，共同开拓市场，降低市场进入门槛。

商业化策略：朱铣成的创业项目通过提供节能解决方案和环境监测服务，实现了经济效益和环保效益的双重回报。创业者需制定清晰的商业模式，如通过销售硬件设备、提供技术服务、收取数据分析和咨询服务费等方式实现盈利。

品牌建设与市场推广：朱铣成的"绿动未来科技"品牌成功打入市场，说明了品牌建设和市场推广的重要性。创业者应积极打造品牌形象，通过线上线下渠道进行产品推广，积累客户口碑，提升市场影响力。

政策导向与社会责任：朱铣成的项目顺应了国家倡导的绿色发展理念，在享受相关政策支持的同时，也承担了推动社会可持续发展的责任。创业者应关注国家政策导向，把握行业发展趋势，让创业项目与社会发展相得益彰。

风险提示：

△要关注环保、数据安全、隐私保护等相关法律法规，确保产品开发和运营符合政策要求；

△对于绿色科技和可持续发展领域的硬件类创业项目，供应链管理尤为重要。

第04章

短视频创业：
流量为王，内容制胜的
新媒体变现之道

023. 短视频直播课：播放短视频直播课堂视频，总播放量达千万级

短视频直播课是利用抖音、快手等平台，将传统课程碎片化为短小精悍的知识点，以直播方式实时讲授并互动答疑的一种在线教育形式。它凭借移动互联网技术打破了地域限制，让优质教育资源广泛传播，实现了灵活自主的学习体验，其有效地促进了教育公平，并通过丰富的互动工具提升了线上教学的趣味性和吸引力。

经典案例：

兰海明是某经济学院的一位老师，他在疫情期间积极响应数字化教育转型，利用抖音平台开设了一档名为"兰海明教授的经济微课堂"的短视频直播课。每周三次，每次直播15分钟，深入浅出地讲解复杂的经济学原理，如博弈论、通货膨胀理论等。在每节直播课中，兰老师巧妙地将枯燥的理论融入生活实例，配合精心制作的动画和图表，使抽象的概念变得生动直观。

直播期间，兰老师不仅进行单向讲解，还会积极与直播间观众互动，通过评论区答疑、发起投票等方式了解学生对知识点的理解程度，及时调整授课节奏。此外，他还鼓励学生在观看直播时留言提问，形成一种活跃的在线研讨氛围，让学生在家也能体验到课堂互动的乐趣。每期直播结束后，课程内容会被自动转化为短视频上传至他的官方账号，方便粉丝复习和分享，同时也吸引了更多对经济学感兴趣的人群关注并加入学习。

兰老师的"经济微课堂"的具体经济效益数据虽未公开，但其在抖音平台上获得了显著的社会影响力和用户黏性。短短几个月内，其账号订阅人数便突破百万，视频总播放量达千万级别，这不仅扩大了该经济学院的

品牌影响力，也提升了兰老师个人的学术声誉。

创业实战：

精准定位与内容策划：兰海明教授选择经济学这一专业领域，针对不同层次的学习者提供通俗易懂的经济学知识，确保了内容的专业性和普适性。并将复杂的经济学原理拆解为简短、生动的短视频，采用案例教学、动画演示等形式，满足短视频平台用户的碎片化学习需求。

打造个性化IP与品牌建设：兰海明教授通过个人魅力、专业知识和个人故事构建独特的讲师IP，增强用户黏性。同时，利用短视频平台的社交属性，积极互动，定期更新内容，形成口碑传播，不断提升品牌影响力。

用户运营与社群建设：做短视频直播课应在直播过程中鼓励用户提问、评论、分享，形成良好的互动氛围，提高用户参与度。还应建立粉丝社群，定期推送课程信息、答疑解惑，举办线上线下活动，深化用户关系，积累忠实粉丝。

多元化变现探索：做短视频直播课应推出深度课程、VIP会员服务，还应与其他在线教育平台合作，实现知识内容的商业化。当账号具有一定影响力后，可尝试与相关行业品牌合作，接取符合品牌形象的广告推广，增加收入来源。

风险提示：

△借鉴他人作品需注意版权，要确保所有内容合法合规，避免侵权纠纷；

△必须保持高质量内容的稳定产出，为此应合理规划内容库，适时引入团队协作；

△短视频行业竞争激烈，应密切关注市场趋势和用户需求变化，适时调整内容策略和运营方向。

024. 直播带货：短视频账号带货，一个月卖43万单，销售额超过2亿元

近年来，短视频行业的热度持续攀升，尤其随着直播电商的兴起，连众多知名明星也纷纷涉足此领域，有的佼佼者通过直播带货，其年度销售额能轻松达到千万乃至上亿级别。若按照行业内普遍的10%至20%佣金比例计算，其年纯利润可达数百万至千万之巨。现实生活中，许多规模虽小却运营精良的账号，正是通过精细化运作单品，实现了销售奇迹。这类"小而美"的账号模式日渐流行，它们低调地创造财富，非常适合普通大众参与，因为普通人往往拥有较多可供支配的时间资源，能够投入精力去做内容的数量积累和质量提升。下面就是一个典型案例：一位名为"刀哥"的用户经营着一个拥有约96万粉丝的短视频账号，他在短短一个月内竟创造出销售刀具43万单，总销售额超过2亿元人民币的奇迹。这位素人主播凭借高效务实的运营策略，成功实现了直播带货的惊人经济效益，为同类创业者提供了极具参考价值的经验模板。

经典案例：

"刀哥"账号发布了5000余个视频，尽管单个视频的点赞和评论量不高，播放量相对较低，但其带货能力却异常强劲。在过去的30天内，该账号通过密集发布混剪视频，搭配简洁务实的直播间设计，成功卖出43万单商品，累计销售额超过2亿元人民币。数据显示，"刀哥"在过去的一个月共进行了127场直播，日均直播4~5场，平均每场直播销售额达100万元以上，累计直播时长达570小时，日均直播16小时，展现出了惊人的勤奋与执行力。

值得注意的是，该直播间并未花费过多精力解决供应链问题，而是直

接选取平台选品广场的商品进行推广。尽管可能存在付费推广行为，但对于初始资金有限的创业者，也可借鉴其免费获取流量经验，通过高频次创作视频和长时间直播积累原始资本，随后适度投资推广放大效果。

创业实战：

内容策略与流量获取："刀哥"每日都会大量发布混剪视频，以确保账号活跃度，利用平台算法推荐，吸引更多用户关注和点击，进而转化为直播间流量。"刀哥"专注于某一品类（其实就是"刀哥"自己的刀具），创作针对性强且富有特色的视频内容，形成细分领域的竞争优势。在初期阶段，通过勤勉耕耘，积累了大量原创内容，利用平台内部免费流量池，逐渐提升账号权重和曝光度。

直播带货策略："刀哥"初期的直播间搭建并无豪华设备，注重简单实用，其重点在于主播能否专业且真实地介绍产品，赢得消费者信任。"刀哥"还提炼出了简洁高效的直播话术，反复练习直至熟练掌握，做到3~5分钟一轮的产品解说循环，以提高转化率。"刀哥"采取的日播多场与长时间直播策略，能覆盖不同时间段的用户，最大化利用直播时段吸引潜在买家。"刀哥"利用平台提供的选品广场，减少供应链管理成本，并快速找到性价比高的热门商品，以满足市场需求。

营销推广与变现："刀哥"在积累一定粉丝基础和内容质量后，会适当投入推广预算，通过精准定向投放，快速提升直播间人气和订单转化。与此同时，监测各项数据指标，包括播放量、点赞数、评论数、直播间观看人数等，根据数据反馈不断优化视频内容和直播策略。

风险提示：

△要确保发布的所有内容不侵犯他人知识产权，以免遭遇法律纠纷，影响账号信誉和发展；

△拍视频的时候，应清楚明白地告诉用户可以在哪些场景下使用；

△过于频繁的视频发布可能导致用户审美疲劳，需平衡内容质量和更新频率，适时进行内容迭代和主题创新，或画面冲击力足够大，或观点直击痛点，否则很难留住观众。

025. 短视频带货：运营新媒体女鞋账号，创造出60多万元经济效益

拍摄短视频并促使其成功转化为交易是一项挑战，即便手握优质货源，若未能在内容创新、目标定位、视觉呈现及推广策略上精准把握，也难以实现成交。短视频创作必须兼具创意、制作水平和营销智慧，这样方能在竞争激烈的环境中吸引并留住消费者，实现购买转化。因此，拥有好货并非唯一关键，懂得并运用短视频营销的艺术同样重要。接下来要探讨的这个卖鞋子的账号案例可谓是"傻瓜式"的，意味着只要你能够遵循"创业实战"中的核心步骤，就能够借助短视频实现商品销售，从此不再受困于短视频创作难题。

经典案例：

有一个专注于售卖女鞋的短视频账号，其内容制作方式相当朴素直接，即通过模特穿着鞋子，将镜头聚焦于鞋款本身进行拍摄。这种类型的账号被称为"货架式"账号，本质上是将静态的产品图片升级为简化的动态短视频展示。

尽管相较于精心编排的情景剧或详细解说的视频，这类内容显得更为简洁，但它在直观展示商品细节方面也同样有着不可忽视的优势。通过连续播放多个短视频，能够全方位、立体地展现产品的特性与质感，让消费者仿佛亲临实体店，近距离查看商品。

对于那些售卖服饰、鞋子、袜子、帽子、玩具等实体商品，却又担心面对镜头表达不佳、视频制作不精良的商家来说，这种"傻瓜式"视频风格不失为一种可行且实用的选择。该女鞋账号通过这种简单直接的视频形式，在短视频平台上成功吸引了大量消费者关注，最终取得了60多万元

的经济效益。

创业实战：

简化内容创作流程：女鞋账号的"货架式"视频模式，专注于产品本身，拍摄模特穿着商品的实际效果，用镜头直接展示产品的细节和质量，这种直观的方式降低了内容创作的技术门槛。

内容定位清晰：针对所售商品特性制定视频内容，如售卖鞋子，则着重体现舒适度、时尚感、材质质地等，力求让消费者只通过短视频就能全面了解商品信息。

批量制作与连续发布：为了营造立体展示效果，可连续拍摄多个短视频，分别突出不同的商品特点，分批次发布，形成持续的曝光效应，激发消费者的购买兴趣。

挖掘平台优势：充分利用短视频平台的推荐算法，通过精准标签和关键词优化，让视频更容易触达潜在消费者群体。

低成本高效率：无须复杂的拍摄场景和脚本，只需保证基础的摄影灯光和稳定的画面，降低内容创作成本，提高产出效率。

风险提示：

△短视频带货的视频背景要简单，不要杂乱，要体现产品的美观；

△要展示产品，哪怕只是稍微调整一下角度，展示一下产品细节以突出质量；

△短视频带货有内容雷同的情况，可能会降低吸引力，这一点需要警惕；

△视频展示的效果容易引发消费者的期待，因此必须使视频与实物相符。

026. 拍短视频：拍餐饮创业指南短视频，收获逾80万粉丝关注

在当前社交媒体盛行的时代背景下，短视频作为一种深入人心的信息

传播与创新表达手段，正日益凸显其重要地位。然而，要想真正制作出一部让人眼前一亮的短视频作品，却蕴含着不小的挑战。下面将以实际案例剖析为基础，深入探讨并提炼出短视频摄制的核心技法，旨在助力广大创作者提升创作技艺，打造出令人沉浸其中的精彩内容。

经典案例：

广东籍的浚轩不仅时尚多才，而且自少年时期便涉足社会，矢志投身销售行业。18岁起，他独立经营汽车配件业务，逐步创立品牌并成功晋身为企业家。2018年起，浚轩在知名短视频平台分享自己的创业历程，凭借在汽配界的影响力迅速吸粉百万。至2020年，他开始拓宽领域，记录各行各业的创业智慧，帮助年轻人避开创业雷区。

浚轩坚信通过分享真实的创业案例，可以启迪更多人走向成功。他会讲述街头巷尾的创业者故事，包括小吃摊贩和夜市店主，并提炼出实用的商业智慧。他曾高价购入餐饮秘方，无私分享给观众，因为他深知实际经验对创业者至关重要。他帮助过的一位深夜售卖速食面的年轻女子，在其指导下转变经营策略，改卖利润更高的烧烤，并通过浚轩的推广，以"面点仙子"形象在短视频平台爆红，斩获2万多粉丝，收入也随之翻倍。

浚轩的真诚分享打动了许多粉丝，许多人留言感谢他的指引，有很多人因此改变了他们的人生路径。尽管已拥有超80万粉丝的关注，他依旧保持初心，注重分享有价值的内容，而非单纯追求短期利益。他常提醒初创业者，要选择踏实肯干、付出就有回报的项目，而非盲目追求暴富。

创业实战：

内容定位与故事叙述：浚轩通过分享真实的创业故事，展示了内容定位的重要性。在拍摄短视频时，要确定一个明确的主题，如创业历程、行业洞察、实战经验等。通过讲述普通创业者的真实故事，使观众能够从中获取实用的商业智慧，从而建立牢固的观众基础。

行业经验与知识分享：要在短视频内容中注入有价值的行业经验和实用技巧，如浚轩分享汽配行业的经验和购买并分享餐饮秘方的做法。这不仅能够树立专业权威的形象，也能吸引更多潜在的创业者关注和学习。

角色塑造与情感共鸣：浚轩通过记录并推广如"面点仙子"这样的典型人物故事，打造生动鲜明的角色形象，引发观众的情感共鸣。在拍摄时，要注重捕捉和展示人物的真实情感和奋斗过程，让观众感受到创业背后的艰辛与成就。

多元化内容创作：随着影响力的扩大，浚轩开始涉猎不同行业的创业故事，体现了内容多样性的价值。在创作短视频时，可以根据目标受众的需求和兴趣，尝试涵盖不同领域的创业案例，以吸引更广泛的观众群体。

互动与社区建设：浚轩通过短视频平台与粉丝保持紧密互动，解答疑问，给以建议，从而建立起强大的粉丝社群。在运营短视频时，应积极回应评论，定期举办互动活动，利用私信等渠道深入了解粉丝需求，以此来稳固和扩大粉丝群体。

坚持价值导向，而非短期利益：浚轩始终坚守初心，以传递价值为核心，而非单纯追求粉丝增长或短期变现。在短视频创业的过程中，应注重长期品牌建设和内容质量，只有提供真正有价值的视频内容，才能走得更远，更稳。

风险提示：

△拍摄短视频应注意画面清晰度、声音质量、故事情节的紧凑性以及背景音乐、特效等方面的协调统一，让短视频更具观赏性和传播性；

△持续寻找并筛选合适的拍摄对象，保持内容新鲜度，防止因内容重复或质量下滑导致粉丝流失；

△提供创业建议时要客观公正，避免因片面指导导致观众损失，必要时可邀请行业专家共同参与，提升指导的专业性和准确性。

027. 做短视频内容：拍短视频记录自己饭店的生意状况，积累7万多个粉丝

在当今时代，做短视频内容具有至关重要的意义。优质短视频内容能够迅速吸引并黏住大量观众，助力个人或企业快速建立品牌形象，拓宽市场影响力。它不仅是信息传播的新载体，更是情感表达、价值传递的重要工具。此外，短视频平台的社交属性和算法推荐机制，使得内容创作者有机会触及更广泛的受众，实现有效的精准营销和社区构建。因此，无论是对于内容创作者、教育者、商家还是意见领袖，精心制作短视频内容都是提升知名度、增强用户黏性、促进业务发展的有力手段。

经典案例：

陈先生是一位餐厅经营者，他从开业的第一天起，就决定用短视频的形式记录下自家餐厅日常的点滴。他每天发布的视频内容，坦诚而又真切地展示了店内冷冷清清的景象，以及每日微薄的营业收入，这让评论区的网友们戏谑调侃，称他开餐厅的目的似乎是为了拍视频吸粉。

然而，陈先生并未因此气馁，反而坚定地继续以短视频记录下自己在餐饮行业的挣扎与成长。一年多的时间里，他坚持不懈地分享自己的开店历程，包括如何调整菜品、优化服务、应对各种突发状况的过程，甚至还包括他对未来发展的思考和计划。久而久之，陈先生的真诚和坚持赢得了越来越多网友的认可和支持。

经过不懈的努力，陈先生的短视频账号在一年半后已积累了超过7万粉丝，他的视频内容从最初的无人问津，到现在拥有一批忠实的观众群体。这不仅是一个关于如何在困难中坚持前行的故事，更是对短视频内容创作价值的一次有力验证。

创业实战：

真实记录创业过程：陈先生通过短视频真实记录了他在开店初期的艰难和调整策略的过程，这种透明和真诚的展示引起了观众的共鸣。创业者在制作短视频内容时，应勇于展现自己的创业过程，不论是成功的经验，还是挫折的教训，都能成为吸引和留住粉丝的独特亮点。

内容持续性与更新频次：陈先生坚持每日更新，持续记录店铺的转变与发展。创业者在做短视频内容时，应保持内容更新的规律性和持续性，培养用户的观看习惯，逐渐积累粉丝基数。

内容创新与互动：陈先生不仅会分享店铺现状，还会分享自己的经营策略和心得体会，引发了评论区的热烈讨论。创业者应注重内容创新，通过讲故事、分享观点、解答疑问等方式，增加与观众的互动性，增强粉丝黏性。

借势话题与热点：陈先生在分享内容时，无意间成了"不赚钱的餐厅老板"的形象，这也是一个另类的热点话题，吸引着更多人关注。创业者应学会捕捉热点、制造话题，借助热门话题来扩大影响力。

品牌塑造与转化：尽管陈先生起初是因为餐厅生意不好而出名，但通过长期的内容输出，成功塑造了坚忍、真诚的品牌形象，最终将关注度转化为顾客流量。创业者在做短视频时，应重视品牌形象的塑造，适时进行内容转化，引导粉丝转化为客户或合作伙伴。

风险提示：

△分享真实创业经历要注意保护个人隐私和商业机密；

△创业者需不断提升内容创作能力和专业水准，避免因内容质量下滑而导致粉丝流失；

△创业者要着眼于长远发展，打造具有持久吸引力的内容和品牌。

028. 短视频直播营销：联合"大V"实施精准引流，实现成交额500万元

短视频直播营销是结合了短视频和直播两种形式的新型网络营销方式。具体来说，它通过短视频平台进行预先的内容创作和传播，通过短小精悍、富有创意的视频内容吸引和积累粉丝，随后在直播过程中进行实时互动，通过主播或嘉宾的现场展示、讲解、答疑，促使粉丝用户转化为消费者，来完成产品销售或品牌推广的目的。在短视频直播营销中，通过携手行业"大V"，可以实现目标受众的精准对接和高效引流，从而驱动电商业务快速发展。下面就是一个联合行业"大V"实施精准引流的短视频直播营销案例。

经典案例：

日用清洁用品品牌"老管家"的空调清洁剂在推广过程中，找到了颇具影响力的KOL（关键意见领袖）王小骞，因为她的"王小骞家居生活馆"在短视频平台上有大量的忠实粉丝，她长久以来专注于分享各类实用的家居生活知识与技巧，从解读食品标签到衣物穿搭的无限可能，内容涵盖广泛，深受关注生活品质、追求生活艺术的用户喜爱。这一精准的粉丝定位恰好与老管家空调清洁剂的目标客户群体高度吻合。

鉴于王小骞在家居生活领域的专业性和广泛影响力，双方合作推出了一条关于"老管家"空调清洁剂的短视频。王小骞亲自参与策划和录制，视频制作成本虽仅千元左右，但凭借其精心的设计和对产品应用场景的巧妙展示，视频一经发布便引发了广泛关注。这款视频内容精准击中了用户痛点，倡导健康、便捷的生活方式，充分展现了空调清洁剂在家庭生活中的重要性和便利性。视频上线后，观看人次迅速飙升至5000万，并引发

热议，留言互动多达 1.9 万条，显示出极高的用户参与度和内容认可度。

此次短视频营销活动成效显著，据统计，该视频带动的 GMV（成交总额）突破了 500 万元，展现了短视频营销的强大力量，也验证了与王小骞这样具有高度匹配度和号召力的 KOL 合作推广策略的成功。

创业实战：

精准定位目标人群："老管家"空调清洁剂瞄准的是关心家居生活品质、注重生活小技巧的用户，因此选择王小骞这样专注家居生活的 KOL 进行合作。由此可见，做短视频直播营销首先要对产品或服务的目标消费者进行深入研究，了解他们的生活习惯、消费需求、兴趣偏好等特征，确保短视频内容能精准触达目标人群。

选择合适的意见领袖：王小骞因其庞大的粉丝基础和家居生活领域的专业度，成了与"老管家"合作的理想人选。因此，创业者应寻找与产品调性相符、粉丝群体匹配的意见领袖，如博主、网红、行业专家等，因为他们能够有效地传达品牌信息并影响消费者的购买决策。

制作高质量内容："老管家"与王小骞合作的视频中，通过展示空调清洁剂的实际应用场景和清洁效果，成功吸引了大量粉丝关注，并将其转化成购买行为。在直播或短视频内容创作上，需确保内容具有实用性、趣味性及故事性，这样才能引发观众共鸣，从而提高转化率。

策划互动性强的直播活动：直播过程中要设置互动环节，如问答、抽奖、限时优惠等，以增强粉丝参与感，促进销售转化。同时，要围绕产品特性定制内容，让观众在观看过程中自然而然地接受产品信息。

数据分析与优化：直播结束后，对直播数据进行分析，包括观看人数、互动量、留存时间、转化率等，据此调整后续的直播策略和内容制作方向，实现营销效果的最大化。

风险提示：

△ 与 KOL 合作前需对其进行全面评估，并签订合同明确双方权利义务；

△在与KOL合作的同时，要建立自有媒体矩阵，培养品牌粉丝群体；

△短视频直播营销投入可能较高，需提前预估ROI（投资回报率），并实时调整营销预算。

第05章

网红打卡店：网红经济背景下的实体店创新与盈利模式

029. 网红面包店：创立连锁烘焙品牌，年利润超过100万元

网红面包店作为一种新兴的创业项目，融合了现代社交媒体营销、创意产品设计、品牌故事打造等多种元素，它不仅是一家传统的面包店，更是一个集美食体验、社交互动、潮流生活于一体的综合平台。新时代下，网红面包店是利用互联网思维和创新商业模式改造传统行业的典范，它需要创业者具备敏锐的市场洞察能力、优秀的产品创新能力、强大的社交媒体运营能力，以及出色的客户服务意识。

经典案例：

在H市，一棵枝繁叶茂的梧桐树荫庇着一家别致的面包店——"阳光味道"。该店凭借其独特的口感和浓厚的艺术气息，在ins、小红书等社交平台迅速走红，成为网红打卡地。而这一切都源自80后创业者浩宇的智慧与胆识。

浩宇毕业于某知名大学的工商管理专业，他放弃了安稳的工作，并决定投身烘焙界。他凭借丰富的实践经验和坚定的信念，先创立了连锁品牌"乐享烘焙"，短期内在华兴、河海区开设了20余家分店，确立了市场地位。但浩宇并不满足现状，他预见了创新与独特性对品牌存续的重要性，因而联手伙伴创立了更具特色的"阳光味道"。

"阳光味道"以象征积极进取的品牌文化为核心，通过举办多样活动、开设烘焙课程及邀请网红推广，成功活跃于各大社交平台，线上线下联动营销，年利润轻松突破百万元。浩宇希望借助"阳光味道"实现面包与轻食的完美结合，倡导一种独特的生活方式，并期望借助城市的活力土壤进一步发展壮大。

未来，浩宇将持续保持创业初心，积极探索更多可能性，引领"阳光味道"走向更高远的未来。

创业实战：

扎实的基础与经验积累：浩宇在烘焙行业有过兼职和项目经验，这为他的创业奠定了坚实的行业基础。创业者在正式创业之前，可先在相关领域实习、兼职或尝试小型项目，积累经验和人脉。

精准定位与差异化创新：浩宇选择主打日式精品面包，这区别于市场上常见的面包品种，能为顾客提供独特的消费体验。创业者需对市场进行调研，找准目标客群，并开发具有差异化的烘焙产品，打造特色品牌。

连锁经营与品牌建设：浩宇通过"乐享烘焙"品牌初步建立了连锁经营模式，积累了品牌管理和运营经验。创业者需考虑通过标准化流程、统一品牌形象和优质服务打造连锁品牌，提高市场占有率。

线上线下融合营销：浩宇借助微博、小红书、下厨房等社交平台进行品牌推广，举办活动吸引客流，同时开设培训班吸引烘焙爱好者。创业者应充分利用新媒体渠道，进行线上线下联动营销，提升品牌知名度。

创新思维与品牌文化：浩宇创立"阳光味道"时，赋予了品牌"生生不息"的寓意，这形成了独特的品牌文化。创业者要注重品牌故事的塑造，通过文化内涵增强品牌黏性，吸引和留住顾客。

顺应潮流与引领生活方式：浩宇将面包与轻食相结合，旨在引领新的生活方式。创业者需关注行业趋势和消费者需求变化，创新产品和服务，持续引领市场潮流。

风险提示：

△需要不断创新和优化产品，提供优质服务；

△要做好成本预算和风险管理，确保供应链稳定；

△必须严格遵守食品安全法规，建立完善的质量管理体系；

△在快速扩张的同时，要注重人才培养和管理体系的完善。

030. 网红酒吧：打造赛博朋克风格酒吧，成为网红打卡地

网红酒吧是指那些借助社交媒体和网络平台走红、获得大量关注度和人气的酒吧。这些酒吧通常因其独特的装饰风格、创新的饮品菜单、主题派对、现场音乐表演，或者是与知名网络红人合作举办活动等特色而受到网民青睐，并在网络迅速传播，形成口碑效应。网红酒吧不仅提供传统酒吧的服务，如售卖酒水饮料、小吃以及营造休闲娱乐氛围，还特别注重顾客的体验分享与互动性，鼓励消费者拍照打卡并在社交媒体上分享，从而进一步扩大其影响力和品牌知名度。同时，它们往往利用网络营销策略来吸引年青一代的消费者，并紧跟潮流趋势，不断创新以保持其网红地位。

经典案例：

某市有一家"UDAY2077"酒吧，其以极具创意的设计理念在同行中脱颖而出，它将现实中的酒吧体验与科幻电影《赛博朋克2077》中的虚拟世界完美结合。这家酒馆不仅是一个饮酒放松的地方，更是一座充满未来主义色彩的艺术殿堂，其内部装饰融入了大量赛博朋克元素，如霓虹灯管、高科技显示屏、机械美学装置等，创造出了一种仿佛置身于未来都市的沉浸式环境。

除了独特的视觉体验外，"UDAY2077"酒吧在服务项目上也独树一帜，为顾客提供了多样化的餐饮选择，包括融合中西特色的美食以及精心调制的鸡尾酒，以满足不同消费者的口味需求。酒吧定期举办主题活动，如主题派对、艺术展览或现场音乐演出，而这些都成了吸引年轻人和社交爱好者前来打卡的重要因素。

此外，该酒吧的一大亮点是其门口停放的一辆据称源自好莱坞电

影《极乐空间》的 GTR 跑车复制品，这辆车不仅是酒吧的一个标志性装置，更是吸引了无数汽车爱好者和摄影爱好者的目光，成为绝佳的拍照背景。

创业实战：

独特定位与主题设计：借鉴"UDAY2077"的成功经验，创业者首先需找准酒吧的主题定位，要结合流行文化、艺术风格或科技元素，创造一个新颖且引人入胜的空间环境。比如，可以选取特定的影视、游戏或未来概念作为灵感来源，使酒吧具备强烈的故事性和沉浸式的感官体验。

环境创设与细节打磨：要在装修风格上下功夫，需运用各类特色装饰物（如"UDAY2077"的霓虹灯管、高科技显示屏等）体现主题，让顾客在进入酒吧的瞬间就能感受到与众不同的氛围。同时，还应考虑设置一些具有话题性和辨识度的标志性装置，如"UDAY2077"门口的 GTR 跑车复制品，不仅能引发顾客拍照打卡的兴趣，还能增加品牌的传播力。

多元化服务与活动策划：除了优质的酒水，还可以推出创新的鸡尾酒配方和融合中西风味的美食，以满足不同客群的味蕾需求。还应策划各种主题派对、艺术展览或现场音乐演出等活动，保持酒吧的新鲜感和活力，吸引更多年轻族群和社交爱好者。

社交媒体营销与互动：应搭建完善的线上宣传体系，积极在各大社交媒体平台展示酒吧特色和活动动态，鼓励顾客分享照片和体验，形成良好的口碑传播。还应开展线上线下的联动活动，如挑战赛、优惠券发放、会员积分兑换等，以增强顾客黏性和忠诚度。

风险提示：

△要确保在开业前就办理好所有必要的相关证照，并切实合法合规经营；

△合理预估投资成本，保证酒吧初期运营顺利；

△持续关注市场反馈，灵活调整经营策略以应对竞争压力和市场需求变化；

△培养一支专业且热情的服务团队，提供优质贴心的服务，以提升顾客满意度和回头率。

031. 网红餐厅：创新甜品品牌，年度总销售额突破3000万元

网红餐厅是指那些在网络上，尤其是在社交媒体平台上受到广泛关注和热议的餐厅。它们通过独特的装修风格、富有创意的菜品设计、别出心裁的营销手段，以及利用网络名人或博主的推广等方式，在短时间内迅速积累大量人气，成为人们争相前往体验、拍照并分享到社交媒体上的热点场所。下面给大家介绍和分析的网红餐厅不仅刷爆社交平台，而且每一道菜品都让顾客吃好拍好。

经典案例：

位于 L 市的"幻彩云端甜品屋"是一家由晓梅女士倾力打造的创新甜品品牌，其单品"梦幻云端冰激凌"凭借独特的创意设计迅速走红于各大社交媒体平台。这款冰激凌采用了轻盈柔软的棉花糖堆砌成飘逸的云朵形状，巧妙地嵌入宛如真实雷电的金色巧克力条，底部则是口感细腻的冰激凌球，整体形象既艺术又有趣，深受年轻消费者追捧。

"幻彩云端甜品屋"凭借精致且个性十足的店铺装修风格，以及持续研发的各种创新甜品和饮品，如季节限定的"彩虹糖果冰激凌"和节日特供的"星空蛋糕"，成功地吸引了大批粉丝慕名而来，纷纷在此留下美照，并通过微信、抖音等社交平台分享，这极大地提升了品牌知名度和影响力。

经过短短两年的发展，"幻彩云端甜品屋"不仅在 L 市赢得了稳定的市场份额，而且在全国范围内掀起了加盟开店的浪潮。据统计，该品牌旗下的连锁分店数量在一年内增长超过 50 家，年度总销售额突破了 3000 万元人民币，其中仅"梦幻云端冰激凌"单品便创造了近千万的销售收入。这一成功案例充分展示了如何通过精心策划的网红营销策略，让初创企业

能够在激烈的市场竞争中脱颖而出，并实现经济效益和社会影响力的双重丰收。

创业实战：

产品创新设计："梦幻云端冰激凌"案例表明，创新的产品设计是网红餐厅的核心竞争力。创业者应开发具有独特卖点和高颜值的菜品或甜品，以便于让顾客主动分享传播。同时，应深入理解年轻消费者的心理和审美需求，设计符合他们喜好的主题菜品，如健康、趣味、艺术化等元素。

精美的环境布局："幻彩云端甜品屋"通过精美的店面装修吸引了大量顾客打卡。创业者需投入资源打造特色鲜明、视觉冲击力强的就餐环境，让顾客在享受美食的同时拥有难忘的体验。同时，应优化拍照区域，如设置专门的拍照打卡点，鼓励顾客拍照上传社交媒体，免费推广品牌等。

多元化营销策略：充分利用微信、微博、抖音、小红书等社交平台进行宣传，及时发布新品预告、活动信息、顾客晒单等内容，形成口碑效应。同时应与其他品牌或网络红人合作，举办主题活动，扩大知名度和影响力。

迭代更新与节日限定：要保持产品新鲜感，既要在不断研发新的爆款产品的同时，保留经典招牌菜，还要结合节假日推出限定套餐或特色产品，激发消费者购买欲。

优质服务与客户体验：应确保员工专业培训，为顾客提供友好、高效的服务，优化排队、下单、取餐流程，减少顾客等待时间。还应建立有效的顾客反馈机制，及时了解顾客需求，不断改进产品和服务。

风险提示：

△要时刻关注舆情动态，及时妥善处理争议；

△开设网红餐厅不能停止创新或让创新能力减弱；

△过度依赖某一款网红产品的销量可能会带来风险；

△力避网红餐厅产品供应链出现问题，否则将影响产品质量和服务稳定性，进而损害品牌。

032. 网红饺子馆：开网红饺子馆创业，营业额较创业之初飙升10倍以上

网红饺子馆是指那些通过互联网，特别是社交媒体迅速走红，获得了较高知名度和大量顾客关注的饺子馆。这类餐馆往往因其饺子的特殊口味、独特的烹饪技艺、创新的饺子种类、有趣的营销活动、极富设计感的用餐环境等特色，而备受网民推崇和分享，从而在网络上形成了广泛的传播和口碑效应。下面的"合家欢饺子坊"就是一个成功案例。

经典案例：

2023年5月，市民林女士跟随美食导航来到了市区翡翠大道的网红饺子馆"合家欢饺子坊"，惊讶地发现这里的经营者竟然是一群中老年创业者。

该店的背后是一段由刘氏兄妹共同谱写的创业传奇。大哥刘志刚自20世纪90年代起从开水果摊到开火锅店，积累了足够的商业经验。2008年，四妹刘春梅失业后做起了手工饺子，后来刘志强夫妇也加入创业行列，他们合力将火锅店改造成烧烤店，迅速回本并走上了成功之路。2017年，他们在翡翠大道开设"美好家园大酒店"，分工明确，诚信经营，对食材严格把关，饺子品质上乘。

2022年推出的"合家欢饺子坊"凭借优良品质和网络热度，营业额猛增10倍以上，家庭生活水平得到大幅改善。目前，刘氏兄妹正筹备开设新店，在延续亲情与诚信并重的经营理念下，仅用20余年，他们完成了从下岗摆摊到经营网红餐厅的逆袭，实现了生活状态的华丽蜕变。

创业实战：

产品差异化与创新：效仿"合家欢饺子坊"，就要开发具有自家特色的饺子馅料和口感，以满足不同消费者的需求，并打破市场常规，形成产品差异化优势。要强调饺子的手工制作过程，确保每个饺子都是新鲜出炉

的，这样才能凸显高品质和匠心精神。

团队协作与明确分工：设定合理的角色定位，如"掌舵者"负责战略方向、"采购员"保证食材质量、"业务专家"负责产品研发和培训，以确保团队高效运转。

诚信经营与品质把控：要坚持采购高标准的食材，甚至推动供应商提升服务水平和质量标准，确保每一道菜品的质量。要让消费者看到饺子的制作过程，以彰显诚信经营，从而提高顾客的信任度和满意度。

店面选址与装修风格："合家欢饺子坊"选择了繁华的翡翠大道，以确保有足够的客源。同时，装修风格不仅要美观，更要体现出饺子馆的独特主题，以便使之成为网红打卡点。

线上线下同步营销：利用美食App、微信、抖音等平台进行宣传，邀请美食博主试吃、拍摄视频，提高品牌知名度和口碑。为顾客提供优质服务，并鼓励顾客分享用餐体验，形成口碑效应。

品牌建设与长远规划：明确品牌定位，建立统一的品牌形象和口号，将其逐步打造成为具有辨识度的知名品牌。要稳步开设分店，适时升级门店设施，不断提升品牌形象和影响力，一直朝着百年老店的目标努力。

风险提示：

△当同类型饺子馆增多时，要考虑如何保持竞争优势，创新和调整策略；

△即使饺子特色明显，也应适时推出新品，丰富菜单，分散风险；

△严格监管食材供应链，以防出现食品安全问题，以至于影响品牌形象和声誉。

033. 网红书店：开网红书店每月收入超过预期，盈利能力逐年提升

网红书店是指通过独特的设计、丰富的功能整合、新颖的经营模式以及出色的网络营销，在社交媒体上广受关注和热议，形成极高人气和网络

影响力的实体书店。这类书店不局限于传统的书籍销售，而是将更多的书店空间打造为集阅读、学习、休闲、文化交流、创意商品销售等多功能于一体的生活方式体验场所。

经典案例：

楚伊于2020年在上海创立了一家名为"悦读时光"的网红书店。楚伊深谙现代年轻人的审美和消费需求，将书店设计成集阅读、咖啡、文创产品和小型讲座于一体的综合性文化空间。书店内部装修风格为复古文艺风，设有多个拍照打卡点，如绿植环绕的阅读角、全景落地窗边的阅读沙发等。

楚伊通过社交媒体进行大力宣传推广，与当地的作家、艺术家合作举办各类读书会、分享会等活动，迅速提高了"悦读时光"的知名度和影响力。此外，他还引入了会员制度，通过储值卡、会员专享折扣等活动，增强了用户的黏性和提高了用户复购率。

经过三年的经营，截至2023年底，"悦读时光"已在上海市内开了3家分店，并与多家出版社建立了稳定的合作关系，同时也成功将自营的文创产品推向市场，取得了不错的销售业绩。尽管具体的盈利数字未公开，但楚伊表示书店每月的收入已经超过了预期，且盈利能力逐年提升，不仅偿还了初始的投资成本，还在持续盈利中不断扩大规模和影响力，实现了经济效益和社会效益的双赢。

创业实战：

定位清晰，特色鲜明：楚伊的"悦读时光"书店定位为集阅读、咖啡、文创和活动于一体的综合文化空间，目标人群锁定为热爱阅读、追求品质生活的年轻人。因此，创业者需深入了解市场需求，赋予书店独特的主题和文化内涵，使其在众多书店中脱颖而出。

空间设计与装修：书店内部装修需富有创意和美感，要设立多个拍照打卡点，如景观阅读区、艺术装置等，以提升书店的社交传播属性。同时要考虑人性化布局，为顾客提供舒适、安静的阅读环境，并兼顾开放互动的空间设计。

多元业务组合：网红书店不仅能销售图书，还可扩展至咖啡茶饮、文化创意产品等领域，甚至可以举办各类讲座、沙龙、签售会等活动，构建文化生态圈。在这过程中应注重开发自有品牌文创产品，打造IP，增强书店的盈利能力。

网络营销与社群建设：建立和维护社交媒体账号，定期发布活动信息、精选书籍推荐等内容，以吸引粉丝关注。发展会员制度，举办会员专享活动，增强用户黏性。与知名作者、艺术家等合作，借助其影响力提高书店知名度。

合作与资源整合：与出版社、作家、设计师等建立长期合作关系，共同策划活动，丰富书店的内容供给。并积极寻求场地租赁、物料采购等方面的优惠合作，以降低成本。

风险提示：

△要把握好目标市场，做好书店定位，否则将导致客源不足，营收低于预期；

△网红书店创业者需要准备充足的资金并作好长期投资的打算；

△维护好网红书店特色，持续创新，是保持竞争优势的关键；

△网红书店一定程度上依赖社交媒体传播热度，因此要持续输出吸引眼球的内容。

034. 网红甜品店：开一家网红甜品店，一年净赚40万元

网红甜品店通常以独特的装修风格、创新的甜品制作工艺或特色产品（如法式马卡龙、分子冰激凌、手工巧克力等）吸引大量粉丝和社交媒体关注。下面来看一个开网红甜品店的案例。

经典案例：

美食博主希萌，在2023年初探访网红甜品店后激发了开店热情，毅然转行。她亲手策划并斥资40万元打造了一家温馨梦幻、融合甜美粉色与现代轻奢风格的甜品店。彼时适逢国际甜品品牌"糖果梦境"入驻本地，希萌迅速把握时机去其店铺实习，熟悉了甜品制作的各个环节，尤其是产品口感、摆盘美感以及马卡龙、慕斯等甜品的严格保鲜要求。

实习期满，希萌即着手启动个人甜品店项目，在潮流购物中心找到理想店面。店内所有产品历经多次改良，并依据节日、季节及顾客反馈持续优化菜单。面临激烈的网红甜品市场竞争，希萌以对甜品艺术的挚爱和坚韧不拔的精神，成功推出了多款热销产品。

仅用一年时间，希萌的甜品店就净赚了40万元，积累了一批忠实粉丝。憧憬着更大的愿景，她计划在接下来的三年里将甜品店发展成区域内最具影响力的甜品品牌，将"糖果梦境"般的甜蜜体验深深烙印在当地甜品文化的脉络中。

创业实战：

寻找灵感与定位：希萌的案例启示我们，在创业前首先要深入市场，实地考察并分析成功的网红甜品店，了解其受欢迎的原因，从中获取灵感并确定自己的店铺定位和独特卖点，如温馨梦幻的甜品世界，以及甜美粉色系与现代轻奢相结合的设计风格。

理论与实践相结合：实习或加盟知名甜品品牌是快速掌握行业知识和技能的有效途径。通过在"糖果梦境"实习，希萌深入理解了甜品制作的专业技术要求，如甜品口感、外观以及储存标准等，这些都是提升产品质量、确保顾客满意度的基础。

精细筹备与投资规划：创业初期，从选址、装修到设备采购都需要精细化管理，合理预算资金投入。希萌亲身参与全过程，总计投入约40万元人民币，确保资金用在了刀刃上，从而营造出了独特的消费环境和品牌形象。

产品研发与迭代：需根据市场需求和顾客反馈，持续优化产品。希萌的甜品店在产品成熟后依然保持不断创新，根据节日、季节调整菜单，确保产品始终保持新鲜感和竞争力。

营销策略与品牌建设：要充分利用社交媒体推广，借助美食博主的身份优势，打造口碑传播，积累忠实粉丝。同时，瞄准潮流地标购物中心等高流量地段开店，提高品牌曝光率。

风险提示：

△甜品市场竞争激烈，需要提前预见并规避风险；

△充分调研市场容量，评估潜在竞争对手，合理定价以保证利润空间；

△建立应急预案，如库存管理不当导致原料过期的风险，或者流行趋势变化可能导致的产品滞销风险。

035. 网红咖啡店：开网红咖啡馆，实现创收30多万元

网红咖啡店是指那些在社交媒体上迅速走红、受到广大网民热烈追捧，且在现实生活中积聚高人气的咖啡店。这类咖啡店往往凭借独特的装修风格、创新的饮品、诱人的美食、精心设计的环境以及个性化的服务等特点，吸引到大量顾客，这些顾客一般都热衷于在店内拍照打卡并与朋友分享，从而让此店铺在互联网上形成口碑效应和"病毒式"传播。网红咖啡店不只是提供咖啡和简单的餐饮服务，更多的应该是打造一种生活方式和社交空间的体验。它们通常在店面设计、产品创新、品牌故事、活动策划等方面独具匠心，旨在抓住年轻消费群体的眼球，满足他们对新鲜事物的好奇心和对高品质生活的追求。

经典案例：

叶瑞来自古镇青石巷，他是一个非常善于利用家乡闲置场地的青年创业者。2023年春，他将一片空地打造成了废墟风格的"悠然野境"咖

馆，在夏季迅速走红，成为古镇的网红打卡点。

早年间，受姐姐经营民宿成功的影响，加之自身食品工艺的深造经历。叶瑞曾开设日式料理店，却因疫情亏损关闭。而后与妻子谢韵婷共筑咖啡馆梦想，他们在青石巷挑选废弃旧厂，亲手设计装修，巧妙变废为宝，于2022年"五一"前开设了"悠然野境"。

"悠然野境"开业仅八个月，不仅填补了之前的亏损，还实现了几万元的纯利润。至2023年底，该咖啡馆总收入高达30万元，不仅圆了叶瑞的创业梦，更为古镇旅游业增添了新亮点。

创业实战：

独特定位与创新设计：叶瑞选择废弃厂房并打造废墟风格咖啡馆，体现了他对独特卖点和差异化竞争的敏锐洞察。创业者应寻找具有故事性、独特性或文化底蕴的地点，并结合现代审美和消费者喜好进行创新设计，打造具有网红特质的视觉效果。

市场调研与目标群体分析：叶瑞注意到家乡青石巷的乡村旅游热潮，及其发达的民宿资源，从而找准了目标客户群——年轻游客和寻求独特体验的消费者。创业者需深度研究所在区域的市场潜力，了解目标群体的兴趣爱好、消费习惯和需求。

多元化产品与服务：叶瑞除了提供优质的咖啡饮品，还将咖啡馆与旅拍服务相结合，为顾客提供了更多元化的体验。创业者应考虑开发特色产品、举办主题活动、提供增值服务，丰富顾客体验，从而增强顾客黏性和口碑传播。

成本控制与精细化管理：在装修过程中，叶瑞通过废物利用和创意设计降低装修成本。创业者应学会精打细算，合理控制成本，同时在经营管理上要做到精细化，以提升效率和效益。

网络营销与口碑传播："悠然野境"通过年轻人在线分享和口口相传迅速走红。创业者应积极运用社交媒体、短视频平台等工具进行宣传推广，鼓励顾客分享体验，形成口碑效应。

风险提示：

△创业者需预留一定的应急资金，随时调整经营策略，如开通外卖服务、线上直播等；

△创业者在选址时务必核实权属，要确保没有隐患；

△创业者应考虑到单一业态（如咖啡馆）可能面临的季节性波动或市场饱和，适时拓展业务边界，实现多元化经营，以抵御风险。

036. 网红瑜伽馆：开网红瑜伽生活馆，年总收入预计超过300万元

网红瑜伽馆是指在社交媒体平台上因其独特的设计、高质量的服务、优秀的师资力量、创新的教学内容或新颖的营销策略等因素而广受关注，具有一定网络热度和粉丝基础的瑜伽练习场所。这些瑜伽馆通常会在抖音、微博、微信、Instagram（照片墙）等社交媒体上形成较高的知名度和口碑，来吸引众多用户前来体验、打卡，并通过网络分享和推荐，进一步扩大其影响力。下面来看看网红瑜伽馆"绿野仙踪"这个经典案例。

经典案例：

位于S市中心的一家名为"绿野仙踪"的瑜伽生活馆，于2023年初开业，短时间内迅速走红成为网红瑜伽馆。创始人景军借鉴了近年来流行的沉浸式体验概念，作了如下设计。

馆内采用森林氧吧风格装修，引入自然光线和植物元素，构建出亲近自然的瑜伽环境，使其成为瑜伽爱好者理想的拍照打卡地；运用抖音、小红书等新媒体平台进行全方位宣传，定期发布瑜伽课程视频、学员体验故事等内容，邀请知名瑜伽导师合作直播授课，吸引大量线上粉丝关注；除常规瑜伽课程外，还增设了瑜伽冥想、瑜伽旅游、瑜伽素食烹饪班等增值服务，提升了用户体验；构建活跃的瑜伽社群，组织线上线下活动，如瑜伽挑战赛、新会员迎新派对等，增强用户的归属感和口碑传播效应。

在短短半年内,"绿野仙踪"瑜伽生活馆以其独树一帜的品牌形象和出色的社群营销策略,吸引了近万名会员注册,平均月流水达到了30万元,实现了可观的经济效益。通过优质服务和精准定位,景军成功将瑜伽馆打造成了一个集健康生活方式、社交互动于一体的网红地点,年总收入预计超过300万元。

创业实战:

独特定位与设计创新:如景军所做的那样,创业者首先要明确瑜伽馆的独特定位,如"绿野仙踪"式的自然生态风格。创新设计瑜伽空间,使之既符合瑜伽修行的需求,又具备高颜值的拍照打卡属性,来吸引更多年轻人的关注与参与。

数字化营销布局:要注重社交媒体平台的应用,创建官方账号并通过抖音、小红书、微信公众号等渠道发布课程信息、教学视频和学员故事。定期开展线上直播课程,吸引线上流量,转化为线下客户。

多元化服务与产品开发:扩大服务范围,提供除传统瑜伽课程外的增值体验,如瑜伽冥想、瑜伽旅游、健康餐饮课程等。这不仅能丰富用户体验,也能增加营收来源。

社群运营与口碑传播:建立核心用户社群,通过定期举办线下活动,促进学员间的交流与互动,形成紧密的社区关系。积极引导用户在社交媒体上分享体验,形成口碑传播效应。

专业团队与优质服务:搭建一支由知名瑜伽导师领衔的专业教学团队,确保教学质量。同时,要提供优质贴心的客户服务,塑造良好口碑,提高用户留存率和复购率。

风险提示:

△瑜伽行业竞争激烈,需密切关注市场动态,及时调整经营策略,避免陷入同质化竞争;

△选址在市中心意味着租金高昂,且需要投入更多人力资源,因此要合理规划财务预算;

△在确保瑜伽馆各项经营活动合法合规的同时,也要注意学员在练习过程中的安全问题。

第06章

知识付费：
知识变现创业者的
真实故事与成功模式

037. 在线写作：自由撰稿人在线写作，每年收入30万元+

在线写作是一种基于互联网平台的知识付费创业形式，主要是指作者通过网络平台为用户提供原创文字内容，这些内容可以是电子书、付费文章、专栏、博客、研究报告、教程、连载小说等多种形式。用户通过付费订阅、单篇购买或下载等方式，获得阅读、学习或使用的权利。这种方式在让作者的知识、技能和经验得以货币化的同时，满足了用户对高质量、个性化内容的需求。下面分析一下自由撰稿人文华的在线写作创业之路。

经典案例：

文华是一名热爱写作的年轻人，他拥有丰富的文学素养和扎实的文字功底。在大学期间，他就开始在各类网络平台上发表文章，并积累了大量的读者粉丝。毕业后，他决定利用自己的写作才华进行个人创业。

文华首先创建了自己的个人公众号"华语墨香"，其专注于提供原创文学作品、生活感悟、热点评论等内容，通过优质内容吸引并积累了一批忠实的订阅用户。同时，他也入驻了多个主流自媒体平台，如知乎、今日头条等，持续输出高质量内容，来获取平台广告分成与打赏收益。他还开设了在线写作课程和工作坊，借助网络教育平台进行付费分享，教授写作技巧及经验，帮助更多对写作有兴趣的人提升技能，这也成为他的另一项稳定收入来源。不仅如此，还为各类企业、机构提供定制化文案服务，包括品牌故事撰写、产品介绍、新闻稿件等，利用网络接单，实现了远程办公，拓宽了业务范围。文华将自己的优秀作品结集成电子书，在线出版并在各大阅读平台上架销售，进一步拓宽了其创业版图。

通过以上多元化的在线运营方式，文华每年的收入都在30万元以上。

他成功地将个人的写作才能转化为了商业价值，并走出了一条独具特色的在线写作创业之路。

创业实战：

内容创作与个人品牌建设：文华的成功首先得益于他在大学时期就开始在各类网络平台上积累作品和粉丝。对于初创业者来说，第一步是找准定位，发挥自己的写作特长，持续产出高质量的原创内容。创建个人公众号、博客或其他自媒体账号，树立个人品牌，通过优质内容吸引并沉淀用户群体。

多平台布局与收益多样化：在稳固自有平台的同时，跨平台运营也十分重要，入驻知乎、今日头条等主流媒体平台，通过内容分发获得更多曝光，赚取广告分成和读者打赏。同时，也可尝试通过内容合作、投稿等方式增加收入来源。

知识付费与教育培训：文华开设的在线写作课程和工作坊，利用自己的专业知识进行付费分享，这也是一个很好的创业方向。创业者可以结合自身专长，设计适合不同层次学员的课程，利用网络教育平台进行推广销售。

提供专业服务与合作：接受企业、机构委托，提供文案策划、品牌故事撰写等定制化服务，利用网络接单实现远程办公，扩大业务辐射范围，既能增加收入，又能锻炼和提升专业技能。

电子书出版与版权收益：将积累的作品整理成电子书，在各大阅读平台上线销售，这是一个长期稳定的收益渠道，同时也是对自己作品价值的认可和知识产权的保护。

风险提示：

△要确保所有发布内容均为原创，并尊重他人知识产权，避免侵权带来的法律风险；

△分散收入来源，不过分依赖单一渠道，以应对可能出现的平台政策变动或收益波动；

△时刻关注市场动态和用户需求变化，调整内容策略以保持吸引力，避免用户流失。

038. 知识问答服务：利用知乎Live，创收总额超过50万元

知识付费是指在网络环境中，用户为获取特定知识、信息、技能或专业咨询等服务而支付费用的一种商业模式。知识问答服务是知识付费领域的一个分支，用户可以直接向专业人士提问，获取针对性强、即时性高的专业知识解答，解答者通过提供答案获得报酬。这种方式既能解决用户的个性化问题，又能体现知识的价值，实现知识传授者和需求者的互利共赢。典型的知识问答服务平台包括知乎Live、分答、微博问答等。

经典案例：

智俊是一名具有10年互联网营销经验的专家，于2022年初，利用知乎Live平台开启了他的知识付费创业旅程。他通过梳理自身丰富的实战经验和行业洞察，制订了详细的知识分享计划，主要涉及SEO、内容营销、社交媒体策略等方面。

智俊在知乎上积极回答网友问题，积累了较高的人气和专业信誉，随后他开通了知乎Live栏目，定期举办线上讲座，分享独家的互联网营销秘籍和行业趋势解读。每次Live讲座，他都会精心准备课件，确保内容深度和实用性兼具，同时还设置了互动答疑环节，充分满足听众的个性化需求。

通过知乎Live，智俊不仅巩固了个人品牌，还实现了知识变现。据统计，他在过去的一年内，共举办了20余场知乎Live讲座，平均每场报名人数超过500人，客单价设定在60元左右，扣除平台手续费后，每场讲座净收入约2.5万元。截至2023年初，他通过知乎Live渠道创收总额超过50万元，成功开辟了个人知识创业的新天地。

创业实战：

定位与内容规划：初创业者要像智俊一样，应首先明确自身的专业领

域和知识优势，定位清晰的细分市场，如互联网营销。然后，制订详尽的知识分享计划，确保内容具有深度、实用性和时效性，以满足用户实际需求。

建立个人品牌与积累用户：在知乎等问答平台上，积极参与相关话题讨论，免费提供优质答案和观点，逐渐积累个人影响力和粉丝群体。同时，利用平台功能，如知乎盐选专栏、文章发布等多元方式展示专业实力。

开设知识问答专场：当个人品牌和粉丝基础足够强大时，可开设知乎Live或同类平台的付费问答专场，精心策划每一场活动的主题、内容和形式，确保用户获得物有所值的知识服务。

互动与持续优化：在知识问答服务中，要重视与用户的互动，可以设置答疑环节，根据用户反馈持续优化内容，来提升用户体验，形成口碑传播，吸引更多的付费用户。

拓展收入渠道：在这个过程中不能仅局限于知识问答服务本身，还可以考虑与其他相关业务结合，如出版电子书、开设线上课程、提供一对一咨询服务等，实现收入来源多元化。

风险提示：

△确保提供的知识内容质量高、实用性强；

△时刻关注市场动态和用户需求变化，及时调整内容策略，避免被市场淘汰；

△依托第三方平台开展知识问答服务时，需遵守平台政策和规则；

△知识付费业务存在一定的不稳定性，要做好财务规划和风险防范。

039. 线上咨询：开展在线咨询业务，月均净收入达15万元

线上咨询又称在线咨询服务，是知识付费领域中的一种重要形式，指的是通过互联网平台，专家、顾问、专业人员以及其他拥有特定领域知识

和经验的人士，为用户提供实时或非实时的在线解答、指导和建议的服务。用户可以根据自身需求，通过文字、语音、视频通话等多种方式进行咨询，并为此付费。线上咨询创业涵盖了诸多行业和领域，包括但不限于法律咨询、心理咨询、健康咨询、教育辅导、职业规划、企业管理咨询、投资理财咨询等。用户可以在不受地域限制的情况下，享受到便捷、高效的专业咨询服务，而服务提供者则可以通过提供知识和经验来实现知识变现，这就构建起了一种新型的在线知识服务商业模式。

经典案例：

晓梦是一位拥有10年工作经验的心理咨询师，在2022年初决定通过线上咨询的方式开展个人创业。她首先选择了一款安全、隐私保护到位的在线心理咨询平台，并开设了个人工作室，通过平台审核认证后，对外提供"一对一"的在线心理咨询服务。

晓梦利用自身专业优势，制定了全面的服务项目，包括情绪困扰咨询、职业发展规划咨询、亲子关系咨询等，并设置了合理的咨询价格。她定期在社交媒体和专业论坛上分享心理健康知识，解答用户疑问，以此吸引潜在客户关注，并提升了个人品牌影响力。为了确保服务质量，晓梦采用了预约制服务，通过在线平台接受用户预约，并利用视频通话进行面对面咨询。同时，她还会定期参加线上研讨会和培训，持续提升自己的专业技能。

经过一年多的努力，晓梦的线上咨询业务逐渐步入正轨，每月平均接待咨询客户约50人次，平均每小时咨询费用为500元，除去平台服务费和其他运营成本，月均净收入可达15万元。通过线上咨询的方式，晓梦不仅实现了个人职业转型，还成功开创了一条可持续的知识付费创业道路。

创业实战：

定位与平台选择：如晓梦一样，初创者首先要明确自身的专业领域，例如，心理咨询、法律咨询、健康管理等。选择合适的线上平台，如专门的在线咨询网站、App，或者借助社交媒体搭建个人主页，确保平台的安全可靠与可观的用户基数。

内容策划与品牌建设：明确服务项目，策划符合市场需求的咨询服务内容，如晓梦提供的情绪困扰、职业规划等咨询服务。同时，要通过社交媒体分享专业知识，塑造个人品牌，吸引潜在客户关注。

优质服务与客户维护：提供专业、贴心的"一对一"咨询服务，保证服务质量。晓梦采取预约制服务，确保双方都有充足的时间和精力投入咨询过程。此外，要及时跟进客户反馈，维护好客户关系，以提升客户满意度和复购率。

持续学习与技能提升：需始终保持行业敏感度和专业技能的更新，积极参加研讨会和培训，不断提升服务水平，确保在竞争激烈的市场中保持竞争优势。

商业模式与定价策略：根据自身专业水平、市场接受度及运营成本制定合理的价格策略。晓梦的每小时咨询费用为500元，这既体现了晓梦的专业价值，也兼顾了市场的接受程度。

风险提示：

△ 严格遵守相关法律法规，务必做好用户信息保密措施；

△ 时刻关注行业动态和用户需求变化，及时调整服务内容和策略；

△ 务必保持高标准的服务水平，妥善处理用户投诉和差评。

040. 线上培训：开展线上编程培训业务，实现纯利润500万元

线上培训又称在线教育或E-learning，是一种通过互联网技术和多媒体手段进行的远程教育形式。在知识付费领域中，线上培训是指个人或组织提供专业课程、技能教学、知识分享等内容，用户通过网络平台进行访

问、学习，并为此付费的过程。线上培训的创业者通常会构建在线教育平台、录制高质量的视频课程、开发互动学习模块、提供在线答疑和作业批改等服务，内容涵盖职业技能、学术教育、语言学习、兴趣爱好等诸多领域。在这一模式中用户能通过注册、购买课程、参加线上学习，实现个人知识和技能的提升，而创业者则能通过知识产品的销售和服务收费，实现商业价值和经济效益。

经典案例：

孙槿在 2021 年初，凭借自己多年的编程教学经验和敏锐的市场洞察力，开始了线上编程培训的创业之旅。他首先创建了自己的在线教育品牌"码易学"，并搭建了专业的在线教育平台，采用"录播+直播"相结合的方式，提供 Python、Java 等多种编程语言的课程。

孙槿通过在各大社交媒体、行业论坛等地分享免费的编程入门教程，迅速积累了第一批"种子"用户。他坚持精品化路线，精心打磨每一节课程内容，并配合实例演示，确保学员能学以致用。同时，他设立了完善的课程配套服务，包括线上答疑、作业批改和项目指导等，形成了良好的用户口碑。为了扩大影响力和覆盖面，孙槿还积极与各大企业合作，提供企业定制化培训服务，进一步拓宽了业务范围。通过一年的精心运营，"码易学"线上编程培训平台吸引了数万付费学员，平均课程单价为 1500 元，其中部分高级课程单价高达 5000 元。

截至 2022 年底，孙槿的线上编程培训业务取得了显著的经济效益，全年总销售额突破了 1500 万元，扣除运营成本后，实现了约 500 万元的纯利润，成功验证了线上培训在知识付费领域的广阔前景和巨大潜力。

创业实战：

定位与内容策划：如孙槿一样，大家首先要明确线上培训的方向和领域，如编程教学。基于自身专业背景和市场需求，精心策划和制作高质量的课程内容，结合录播和直播两种形式，确保既有系统的理论讲解，又有实用的实战演练。

平台搭建与品牌建设：创建专属在线教育平台，如"码易学"，确保界面友好、操作简便，为用户提供顺畅的在线学习体验。同时，通过社交媒体、行业论坛等渠道推广品牌，分享免费教程，吸引潜在用户关注。

用户积累与社群运营：通过优质的免费内容吸引首批"种子"用户，构建活跃的用户社群，定期举办线上活动、答疑会，提供优质的售后服务，如线上答疑、作业批改，增强用户黏性和口碑传播。

拓展合作与定制服务：寻求与企业合作，提供定制化培训服务，扩大业务范围和收入来源。如孙槿与企业合作，提供企业员工的编程培训，增加了额外的盈利点。

经济效益管理与优化：要合理设置课程定价，根据课程难度、内容深度等因素区分不同价位，同时也要密切关注市场反馈，灵活调整课程结构和定价策略，以实现经济效益最大化。

风险提示：

△需确保课程内容的原创性和合法性，要规范平台运营，遵守相关法律法规；

△要确保在线教育平台的服务器稳定、数据安全，预防黑客攻击和数据泄露；

△确保课程质量，履行服务承诺，妥善处理用户投诉，维护品牌口碑。

041. 付费社群：运营付费社群，年收入超过400万元

付费社群是通过设立门槛，在用户支付一定费用后方可加入的线上或线下群体。在这样的社群中，用户可以获得专享的、高质量的知识内容、信息资源、专业咨询、互动交流、培训课程、专家指导等各种服务。社群

创建者或运营者通常是在某一领域具有深厚专业知识、丰富经验和独特见解的人物或团队，他们通过持续提供有价值的输出，吸引和聚集对该领域感兴趣的付费会员，形成一个高度垂直、高黏性的学习交流社区。社群成员在获得成长的同时，也增强了彼此之间的联系与合作，从而实现知识变现和社群经济的良性循环。

经典案例：

韩丽娜是一位在互联网营销领域有着丰富实战经验的专业人士，于2021年初创建了名为"营销研习社"的付费社群。她首先在微信、知乎等平台发表了一系列关于互联网营销的深度文章和实战攻略，吸引了大量关注者，随后宣布推出付费社群，以提供更加系统化、定制化的营销培训和咨询服务。

社群收费标准为每人每年1999元，加入社群的会员可以享受到如下特权：每周一次的线上直播课程，深度剖析最新的营销策略和实战技巧；每月一次的专家问答环节，解答会员在工作中遇到的实际问题；不定期的行业报告和资料分享，以及一个活跃的同行交流平台。

韩丽娜通过精心策划社群内容，积极与会员互动，持续提升社群价值，使得社群口碑和影响力不断扩大。截至2023年底，社群付费会员人数突破2000人，年收入超过400万元。与此同时，社群的成功运营还带动了韩丽娜个人品牌的提升，她开始接到更多企业培训和个人咨询业务，进一步拓宽了收入来源。

创业实战：

定位与内容策划：韩丽娜首先明确了自身的专业领域——互联网营销，并通过撰写高质量的文章吸引目标人群关注。创业者应明确自身擅长且市场需求旺盛的领域，精心策划社群内容，确保提供的服务具有稀缺性和实用性。

价值塑造与会员招募：韩丽娜的"营销研习社"为会员提供了线上直播课程、专家问答、行业报告等多重价值服务。创业者需要构思一套完整且具有吸引力的服务体系，以此为基础设立合理的付费门槛，并通过社交媒体、行业论坛等多种渠道进行宣传招募。

互动与用户黏性：韩丽娜积极与会员互动，定期答疑解惑，以增强社群活跃度和用户黏性。创业者需定期更新内容，组织活动，及时回应用户需求和问题，以保持社群生命力。

品牌建设与口碑传播："营销研习社"的成功运营提升了韩丽娜个人品牌，也促成了更多的业务机会。创业者要重视社群的品牌塑造和口碑积累，通过提供优质服务，让社群成为自身专业影响力的重要载体。

经济效益管理：韩丽娜通过收取合理的会员年费，实现了年收入超过400万元的经济效益。创业者需理性设定收费标准，同时控制运营成本，确保社群的盈利能力和可持续发展。

风险提示：

△精准定位目标市场，确保所提供的内容和服务能够真正满足目标群体的需求；

△高度重视会员服务与关系维护，通过各种方式提升用户满意度和忠诚度；

△遵守相关法律法规，尤其是在涉及版权、隐私保护等方面，避免产生法律风险。

042. 线上读书：发起全国线下巡讲活动，全网总曝光量超1.05亿元

线上读书也称为在线阅读、电子阅读或云阅读，指的是通过互联网平台提供数字化的书籍、杂志、文章、音频书籍及其他阅读材料，用户可通过电脑、手机、平板等设备在线购买、订阅或租借这些内容，进行在线阅读或听取有声版本。线上读书平台往往会采取付费订阅、单次付费购买章

节、整书购买、会员制度等多种付费模式，让用户为获取知识内容付费，从而实现知识变现和内容创作者的经济收益。在知识付费的创业实践中，线上读书还包括线上读书会、线上读书俱乐部等形式，这些平台不仅提供书籍内容，还会围绕书籍举办线上讲座、读书讨论、作者互动等活动，形成线上学习和知识交流的社区，这就进一步提升了用户黏性和知识付费的附加值。

经典案例：

2013 年，前央视主持人樊登博士在上海创办了樊登读书，旨在以精华解读图书内容，通过线上平台提供 45 分钟深度解读一本书的服务。历经多年发展，樊登读书在 2022 年 9 月总注册用户数达到了 6000 万人，并于 2023 年正式更名为"帆书"，旗下"樊登读书 App"也随之更改为"帆书 App"。

帆书 App 集合了樊登讲书、非凡精读馆、李蕾讲经典等多元内容板块，以数百小时精心打磨的讲书产品为核心，辅以思维导图、文字稿、视频、测试等工具，帮助用户高效理解和记忆书籍精华。作为新阅读模式的先行者，帆书秉承"精选好书，深入浅出传递实用新知与智慧"的宗旨，将业务延伸至了书籍出版、线上直播电商、线下培训和实体书店等多个领域。

2023 年，帆书发起了"帆书·书卷里的中国"全国线下巡讲系列活动，携手科学家、教育家、文化名人及学者，以樊登为主讲人，共同呈现了一场场文化盛宴。截至同年 11 月，活动已成功举办四场，全网曝光量超 1.05 亿。未来三年，帆书计划将活动推广至全国更多城市，通过名人大咖的解读，聚焦中华经典，弘扬各地文化，传承与发展博大精深的中华文化。

创业实战：

定位与内容创新：帆书的成功源于其准确的市场定位，即通过精华解读图书，让用户高效获取知识。创业者需找到独特的切入点，如精选优质书籍，提供深度解读、配套学习工具等增值服务，确保内容具有吸引力和实用性。

技术平台与用户体验：开发一款功能齐全、用户体验友好的 App，如帆书 App，提供书籍解读、课程、训练营等多元服务，便于用户随时随地学习。同时，要注重并优化内容呈现方式，如音频、视频、图文并茂的思维导图等，来提升用户学习效率和满意度。

品牌建设与 IP 打造：利用创始人或团队成员的专业背景和影响力，如樊登博士，打造个人 IP 和品牌故事，增强品牌辨识度。并通过线上直播、线下活动等多元化渠道进行品牌推广和文化传播。

业务拓展与产业链布局：在阅读服务的基础上，帆书逐步延展至书籍出版、线上电商、线下培训和实体书店等上下游产业，形成了产业链闭环。创业者应把握市场趋势，适时拓展业务边界，积极寻求多维度盈利模式。

社群运营与用户黏性：帆书通过举办全国线下巡讲活动，强化用户黏性，构建阅读社群。创业者也需要积极组织线上线下活动，形成互动交流的社区氛围，提高用户活跃度和忠诚度。

风险提示：

△ 必须确保提供的所有内容均合法合规，要尊重和保护原著版权；

△ 加强技术防护，确保用户数据安全，避免数据泄露引发的信任危机；

△ 在拓展新业务领域时，需充分评估风险和收益，避免盲目投资导致的资源浪费。

043. 直播教学：运营直播教学项目，年收入突破800万元

直播教学是一种在线教育形式，它利用现代互联网技术，通过直播平台实时传输音频、视频和交互式通信，让教师或专家能够在网络上实时授课，而学员则可以根据自己的时间安排和地点选择，在线参与到实时的教学活动中。

经典案例：

程曦是一位有着10年舞蹈教学经验的专业舞者，她在2021年初创办了"云端舞蹈室"，采用直播教学的方式进入了知识付费领域。首先，程曦利用多人手机云视频会议软件Zoom和抖音等直播平台，开设了爵士舞、芭蕾舞等系列在线课程，每个课程分为初级、中级和高级三个级别，用以满足不同学员需求。

在课程设置上，程曦采用固定时段直播授课与无限次回放相结合的方式，确保学员既可以实时互动，又能在错过直播时自行观看回放。她还邀请了多位业内知名舞者作为嘉宾，通过专题讲座和大师课吸引更多学员。

程曦注重社群运营，为此创建了学员微信群，用于课后答疑、学员互动以及定期推送课程优惠信息，增强了用户黏性。此外，她还推出了"舞蹈挑战赛"等活动，鼓励学员分享学习成果，进一步扩大"云端舞蹈室"的品牌影响力。

程曦的直播教学项目在运营一年后，累计注册学员超过1万人，其中付费学员占比高达70%，平均每位学员年消费约1200元。到2022年底，她的"云端舞蹈室"年收入突破了800万元，扣除运营成本后，实现了可观的纯利润，成功地实现了个人的创业梦想。

创业实战：

找准定位与细分市场：程曦以自身舞蹈专业背景为基础，找准了舞蹈教学这一细分市场，明确了目标用户群体。创业者需首先识别自身优势，确定具有市场需求和潜力的直播教学主题。

构建直播平台与课程体系：程曦选择Zoom和抖音等直播平台进行教学，并设计了不同级别的课程体系，用以满足不同学员需求。创业者应选择稳定、用户基数大的直播平台，并精心构建科学、系统的课程框架。

互动与社群运营：程曦采用直播授课与课后回放相结合的方式，确保了学员的互动性与灵活性。同时，通过微信群等社群工具进行课后答疑和互动，增强用户黏性。创业者应注重打造活跃的社群环境，提高用户参与度和留存率。

合作与品牌推广：程曦邀请业内知名舞者参与，提升品牌影响力。创业者可以考虑与行业大咖合作，举办线上活动，利用合作伙伴的影响力进行品牌推广。

持续创新与用户激励：程曦通过举办"舞蹈挑战赛"等活动，激励用户分享成果，扩大品牌知名度。创业者应不断创新课程形式和活动内容，激励用户主动分享，并扩大用户基数。

风险提示：
△ 在使用音乐、教材等素材时，应注意版权问题，避免侵权诉讼；
△ 创业者应提前规划用户生命周期管理策略，有效提高付费转化率；
△ 直播教学依赖于网络环境和技术支持，创业者需确保技术设施稳定。

044. 个性化定制服务：采用会员制收费，实现纯利润约150万元

在知识付费领域中，个性化定制服务是指根据用户的具体需求、学习习惯、兴趣偏好以及所处阶段等特性，为其量身定制具有针对性的知识产品或服务。这类服务不再局限于通用型的课程内容，而是深入挖掘用户个性化需求，提供"一对一"咨询、定制课程、专项辅导、个人发展规划建议等多种形式的知识服务。例如，在教育行业中，个性化定制服务可能表现为私人教师为学生制订专属的学习计划，根据学生的弱点进行有针对性的辅导；在职业技能培训领域，则可能是为职场人士提供根据其职业发展阶段的需求而定制的职业技能提升课程或项目咨询。

经典案例：

拥有10年健身教练经验的卫杰，于2021年开始通过线上平台开展个性化健身定制服务。他首先创建了自己的小程序"健身私人定制"，用户填写详细的健康问卷和健身目标之后，系统将自动匹配最适合他的个性化健身方案。

卫杰采用了"一对一"咨询的方式，根据每个用户的身体状况、运动喜好和时间安排，为其量身定制健身课程，内容涵盖力量训练、有氧运动、饮食指导等。他还将服务细化为初级、中级和高级三个等级，来满足

不同用户的层次需求，并提供实时追踪指导和定期评估反馈。

为了提高用户黏性和满意度，卫杰还组建了用户交流群，定期分享健身知识、解答疑问，同时提供专业营养师的咨询服务。通过这种方式，他的"健身私人定制"服务在短时间内就获得了良好的口碑和用户基础。

卫杰的个性化定制服务采用会员制收费，基础会员年费为3000元，高级会员年费为6000元，至2022年底，已累计服务付费会员超过500人，其中60%为高级会员。粗略估算，他在一年内通过个性化健身定制服务营收超过300万元，扣除运营成本后，纯利润约为150万元，成功地在知识付费领域内掘得了"第一桶金"。

创业实战：

找准市场定位与细分领域：卫杰基于自己丰富的健身教练经验，选择在健身领域开展个性化定制服务，明确目标市场为需要专业指导和个性化训练方案的健身爱好者。创业者应深入挖掘自身专长，找准有市场需求的细分领域。

构建个性化服务体系：卫杰创建小程序，通过问卷调查详细了解用户需求，然后提供"一对一"的定制化健身方案。创业者需构建一套完善的个性化服务流程，包括用户需求采集、个性化方案制订、跟踪指导与反馈等。

产品差异化与分层定价：卫杰将服务分为初级、中级和高级三个等级，满足了不同用户的需求，实现了分层定价。创业者在设计产品时，应考虑产品差异化，针对不同消费层次提供不同级别的服务选项。

社群运营与增值服务：卫杰通过建立用户交流群，不仅分享健身知识、答疑解惑，还提供营养师咨询服务，增强了用户黏性和提高了用户满意度。创业者同样需要重视社群运营，要为用户提供附加服务，来提高用户活跃度和口碑传播。

经济效益与盈利模式：卫杰采用会员制收费模式，提供基础和高级两个层级的付费服务。创业者在创业初期就要明确盈利模式，合理定价，通过优质服务吸引并留住付费用户，实现稳定的经济效益。

风险提示：

△个性化服务对服务质量要求较高，创业者需要建立严格的质量管理体系；

△个性化定制服务的前提是"个性化"，为此必须充分了解消费者需求。

第07章

文创产品：
文创行业小而美的
独特商业模式

045. 拼图小店：创办拼图小店，纯利润达60万元

时下，多数人的休闲方式已不再拘泥于远游，这些人更倾向于既有个性又能带来情趣的休闲方式。在大型商场购物中心租间10多平方米的铺位，加上装修、人员工资及货物成本等，前期投资只需5万元左右，就能拥有一间既能让消费者怡情消遣，又能装饰家居、馈赠亲友的拼图小店，肯定有钱可赚。

经典案例：

杜建睿在2021年创办了一家名为"智慧拼图"的小店，专门销售各类创新、益智拼图。他首先通过线上调研，精选出国内外受欢迎且质量上乘的拼图产品，并与多家供应商建立了合作关系，确保货源稳定且价格合理。

他在社交媒体上积极营销，利用抖音、小红书等平台发布拼图过程的视频和用户拼图成果展示，吸引了大量年轻人和亲子家庭的关注。此外，他还定期举办线下拼图大赛和亲子拼图活动，增强了用户黏性，也扩大了品牌影响力。

杜建睿还开发了自己的小程序商城，方便顾客随时购买，并提供送货上门服务，这极大地提升了顾客的购物体验。通过精细化运营，他的小店在短短一年内实现了月均销售额5万元。

至2022年底，扣除各项成本后，杜建睿的"智慧拼图"小店纯利润达到了60万元，成功实现了个人创业的梦想，也证明了以创新方式经营传统玩具行业的巨大经济效益。

创业实战：

市场调研与定位：如同杜建睿一样，初创业者首先要深入了解目标消

费群体的需求，选择热门或具有潜力的拼图类型，如成人解压类、儿童教育类或艺术收藏类拼图。明确自己的店铺定位，是高端精品路线还是大众亲民路线。

供应链管理：寻找并建立稳定可靠的供应商关系，确保产品的质量和供应稳定性。可以考虑多元化采购，降低单一供应商风险，同时对比价格和品质，保持自身产品竞争力。

线上线下融合营销：要充分运用社交媒体推广，分享拼图的乐趣和完成后的成就感，吸引流量。开展线上线下联动活动，如拼图比赛、新品试玩会等，增强用户体验和品牌互动。

搭建便捷购物流程：开设线上商城或者接入电商平台，实现24小时不间断营业，提升客户购买便利性。优化配送服务，提供包装精美、安全快速的送货上门服务。

风险提示：
△初期拼图店定位是小本投资，进货时要注重数量上的控制，不能贪多；
△在进货时要注重数量上的控制，在品种上多选；
△好的服务是拼图小店能真正做好的秘籍。

046. 礼品代理公司：进军礼品包装行业，实现年纯利润约50万元

礼品代理公司是专注于礼品销售、定制、采购和分销的一种专业服务公司。这类公司通常与众多制造商、供应商建立了合作关系，其汇集了丰富多样的礼品资源，涵盖多种场合和用途，如节日礼品、商务礼品、会议礼品、促销礼品、定制礼品、个人礼品等。主要职能是帮助企业或个人解决礼品采购过程中的种种问题，简化流程，并确保礼品既能体现送礼者的诚意和品位，又能满足收礼者的需求和喜好。

经典案例：

周旭伟大学毕业后从事 IT 工作，后转战电子产品销售，但因市场环境变化，选择与伙伴转向新领域。受在日本留学朋友的启发，了解到日本对礼品包装的精致追求与国内市场的空白。于是，周旭伟在广州考察了一周日式包装店，果断地决定进军礼品包装行业。

创业初期，周旭伟专注于快速学习和模仿日本先进的包装技艺，专做特色包装服务，强调设计新颖与效率。随着经验积累，他大胆创新，将日常物品如废旧材料、干花等融入包装设计，赢得顾客好评，实现了个人成就感与经济收益双丰收。

现其工作室拥有一系列创意包装素材，从基础的丝带、礼盒，到各种再生资源，均能转化为别致的包装元素。如为戒指包装，他巧用进口棉纸增强视觉效果，搭配麻绳编花与丝带点缀，使礼品焕然一新，兼具高雅与浪漫气息。

尽管具体盈利数额未给出，但周旭伟凭借差异化策略与持续创新，在礼品包装市场开辟了一片天地，估算其年纯利润约 50 万元，成功证明了细分市场的巨大价值及创新思路带来的经济效益。

创业实战：

市场洞察与定位：周旭伟的成功在于捕捉到了国内礼品包装市场的空白，创业者应深入研究所在地区的消费习惯和文化背景，找到具有增长潜力且尚未饱和的细分市场，如高品质礼品包装、个性化定制等。

学习引进先进经验：可以通过考察、交流或合作，引入国外成熟且符合本地审美的包装技术和理念，如周旭伟借鉴日本礼品包装的手法和工艺。

创新设计与服务：初期模仿学习后，需不断创新设计，推出独具特色的包装方案，提供快速、专业的包装服务，来满足不同场景下的礼品包装需求，从而区别于市场上的普通服务。

资源整合与利用：要像周旭伟那样广泛收集和整合各种可利用的包装

材料，在降低成本的同时提高设计灵活性，创造出既有性价比又有艺术感的产品。

营销推广与品牌建设：借助社交媒体、线上线下活动等方式展示包装作品，传递品牌形象，积累口碑，吸引潜在客户。

风险提示：

△要注意市场需求变化，保持敏锐的市场嗅觉，及时调整产品和服务；

△创业者需不断研发新的设计方案，申请知识产权保护，维护竞争优势。

047. DIY个性定制：创立DIY个性定制小店，实现年纯利润30万元

DIY个性定制是一种让消费者参与产品设计和制作过程的商业模式，它允许消费者根据个人喜好、需求和创意，自主选择或设计产品的内容、样式、材质、颜色、尺寸等，然后由商家或厂家按照消费者的定制要求进行生产和制造。这种方式能够打造出独一无二、极具个性的商品，从而满足消费者追求个性化和差异化的消费需求。

经典案例：

李彦嘉在2021年创立了一家名为"悦创印象"的DIY个性定制小店，主要为顾客提供各类生活用品的定制服务，如定制T恤、帆布包、抱枕、手机壳等。

李彦嘉首先创建了自己的网店，并同步入驻了主流电商平台，通过精美的产品图片、详尽的定制说明和用户评价吸引客流。同时，他还开通了微信公众号和小程序，方便顾客在线设计下单。为了便于顾客DIY，她在网站和小程序内设置了简单易用的设计工具，支持上传图片、自定义文字

和选择模板，提高了用户的参与度和体验满意度。李彦嘉与多家小型生产商建立合作关系，采取按需生产的模式，减少了库存压力，保证了产品质量和定制速度。她还利用社交媒体开展互动营销，组织设计比赛、晒单分享等活动，培养了一批忠实粉丝，并通过口碑传播吸引了更多新客。

在精细运营和不断探索下，"悦创印象"小店仅用一年时间就实现了月平均营业额8万元。经过成本核算（包含物料、生产、运营、人力等费用），预计年度纯利润能达到30万元。李彦嘉的DIY个性定制小店以其独特的经营模式和良好的经济效益，成功诠释了个性化定制领域的创业路径。

创业实战：

确定市场定位与产品线：观察市场需求，选定具有个性定制潜力的产品类别，像李彦嘉选择的T恤、帆布包等生活常用且易于定制的品类。

搭建线上平台：建立官方网站、入驻电商平台，并开发专属设计工具，使顾客能轻松在线DIY。界面友好、操作简单是关键，要为顾客提供丰富的模板和素材选项。

合作生产模式：寻找可靠的合作生产商，实行订单式生产，降低库存风险。要确保生产周期短、品质可控，能满足快速交付。

社群营销与口碑推广：积极运用社交媒体，通过举办设计比赛、分享顾客作品等方式，构建品牌社区，增强用户黏性和忠诚度，推动口碑传播。

提供优质服务：全程跟踪订单状态，解答顾客疑问，处理售后问题，提供优质的全流程服务，塑造良好的品牌形象。

风险提示：

△DIY个性定制领域参与者很多，需不断创新产品设计和提升服务质量，以保持优势；

△要确保所有使用的素材和设计模板不侵犯他人知识产权，防范法律风险；

△设计工具和电商平台功能需要紧跟技术发展步伐，并不断升级改进，以适应用户新的交互习惯和需求。

048. 动漫配件店：经营动漫配件店，一年实现纯利润约25万元

动漫配件店是一种专门销售与动漫和游戏相关的周边商品的零售商店。这类店铺主要提供的商品包括但不限于：动漫角色模型（手办、景品、GK雕像等）；游戏卡牌（如集换式卡片游戏TCG卡组）；游戏配件（控制器外壳、摇杆、手柄贴纸、键帽等）；动漫服装、cosplay道具；游戏攻略书籍、设定集、漫画和小说等出版物；游戏机的改装部件和升级服务；各种动漫主题文具、挂饰、背包、徽章、海报等日常用品。

经典案例：

钟熙是一位深爱动漫文化的年轻人，他在2020年看到了国内动漫市场的巨大潜力，决定开设一家名为"动漫梦工场"的线上配件店。

钟熙首先花费数月时间深入研究了各类热门动漫作品及其粉丝群体，了解了他们的消费需求和偏好。最后他选择了主打原创设计的T恤、抱枕、钥匙链、手机壳等实用性强且易于定制的动漫周边商品，并与一些小型工作室合作设计独家款式。钟熙利用电商平台开店，精心装修店铺页面，上传商品详情并设置SEO关键词，同时开通社交媒体账号同步推广。他还与多家稳定供应商建立合作关系，来保证产品质量和供货周期，并采取按需生产模式降低库存风险。

经过一年的努力，到2021年底，"动漫梦工场"销售额突破了100万元，扣除各项成本（包括进货、物流、仓储、营销费用等），实现纯利润约25万元。通过精细化运营和持续拓展新品类，成功在动漫配件领域开创了自己的事业，并计划进一步扩大业务规模。

创业实战：

市场分析与定位：钟熙首先对动漫市场进行了深度调研，确定了目标客户群体的兴趣热点和消费需求。创业者需选取热门动漫 IP 或新兴潜力作品，找准细分市场定位，如原创设计、限量版、实用性周边等。

产品开发与供应链管理：钟熙与小型工作室合作，推出独家设计的动漫配件商品，确保了产品差异化。创业者需建立稳定的供应商网络，严把质量关，同时可以采用按需生产和轻库存模式减少资金占用。

线上平台搭建：钟熙充分利用电商平台开店，注重店铺形象和商品详情页设计，进行 SEO 以提高搜索排名。建议创业者全面布局各大电商平台，同步运营微信、微博、B 站等社交平台，形成全网营销矩阵。

社群营销与互动：钟熙通过社交媒体定期发布新品信息、优惠活动和粉丝互动话题，来增强用户黏性。创业者应积极参与和组织线上线下的动漫主题活动，鼓励用户分享晒单，打造口碑效应。

数据分析与迭代优化：要持续追踪店铺数据，分析销售走势、用户行为和商品表现，以此为基础优化商品结构、定价策略和营销方案。

风险提示：

△在选择动漫 IP 时，一定要确保拥有合法授权；

△做好市场预判，并灵活调整，避免过度依赖某一 IP；

△供应商的质量控制、交货周期和诚信问题不容忽视；

△要科学分配营销预算，寻求性价比高的引流渠道。

第08章

亲子益智与健身：聚焦亲子陪伴与健康成长的创业方式

049. 亲子乐园：创办亲子乐园，四年累计盈利逾百万元

亲子乐园是一个专门面向家庭，能让家长和孩子共同参与的娱乐休闲场所，其核心特点是结合儿童早期教育、娱乐、运动和亲子互动等多种功能于一体，旨在通过丰富多彩的游戏和活动增进亲子之间的感情交流，同时促进儿童身心健康发展。总的来说，亲子乐园不仅是游玩的场地，更是家庭教育和社区服务的重要载体，为家庭提供的综合性的、有益于亲子关系和儿童全面发展的服务平台。

经典案例：

伍春莹是一位热衷于儿童教育及活动策划的年轻妈妈，她注意到她所在城市缺乏高质量、集教育、娱乐于一体的亲子空间，便决定在2020年创办一家名为"智慧树亲子乐园"的项目。

伍春莹首先对市场进行了深入调研，了解了目标客户群体的需求，并筹集了初期投资约50万元。她租赁了一处位于繁华商圈附近的1000平方米空置物业，并聘请专业团队设计了安全环保、寓教于乐的游乐设施和课程体系。"智慧树亲子乐园"开设了多元化的活动区域，如儿童探索中心、创意工坊、亲子阅读角以及定制的早教课程。此外，伍春莹还引入会员制，定期举办各类亲子主题活动，来增强用户黏性与口碑传播。为了提升乐园知名度并拓宽收入来源，伍春莹与多家知名儿童品牌达成战略合作，引进特色商品零售和儿童摄影等增值服务，同时也积极与周边幼儿园和教育机构合作，共享资源，开展联合推广活动。

经过两年的经营，"智慧树亲子乐园"凭借优秀的用户体验和良好的口碑，在当地迅速站稳了脚跟，平均每月接待会员超过2000人次，非会

员单次消费约 150 元，会员年费约 3000 元。保守估计，扣除租金、人力成本、维护费用等开支后，乐园在第三个年度实现了盈亏平衡，并在第四年底累计盈利逾百万元。

创业实战：

市场调研与定位：像伍春莹那样，初创业者首先应进行全面的市场调查，理解目标区域内家庭对亲子乐园的需求，包括期望的设施、课程和服务。明确乐园的核心竞争力，如寓教于乐的理念、安全保障、创新活动等。

选址与设计：选择交通便利、人口密度较大的地段，如购物中心附近或居民区中心。乐园设计应兼顾美观、实用与安全性，设立多样化的游乐区域和功能区，如益智区、运动区、亲子互动区等。

多元服务与合作：提供多元化服务，如定制早教课程、举办亲子活动、开设儿童摄影及商品零售等，增加盈利点。主动寻求与其他教育机构、儿童品牌等的战略合作，来共享资源，共同推广。

营销推广与会员制度：制定有效的营销策略，利用社交媒体、线上线下活动等手段吸引客户，推行会员制度，并为顾客提供优惠政策，增强用户黏性，鼓励长期消费。

安全管理与质量管理：严格执行国家关于儿童游乐设施的安全标准，定期检查维护设备，确保零安全事故。同时，对师资力量、课程质量、客户服务等方面要进行高标准把控。

风险提示：

△儿童产业受政府监管严格，必须遵循相关的教育、消防、卫生、安全等法规；

△运营过程中要具备较强的运营管理能力，灵活调整经营策略；

△创业者需提前准备应急预案，来降低突发状况带来的损失。

050. 儿童益智：打造儿童益智馆，年收益达72万元

儿童益智是一个涵盖了诸多方面的概念，它主要指的是通过一系列科学的方法和工具，来促进儿童在认知、思维、情感、社会交往、身体协调等多个维度的全面发展，并提升其智能水平的过程。在亲子益智与健身领域，儿童益智项目通常的做法是设计一系列针对性的游戏、玩具、课程和活动，这些活动旨在激发儿童的好奇心，培养他们的观察力、注意力、记忆力、想象力、创造力和逻辑推理能力，同时此项目也注重培养儿童的身体协调、运动技能和健康生活习惯。在创业方面，儿童益智项目不仅可以表现为实体产品，还可以是教育培训服务、亲子活动组织等形式，其具有广阔的市场前景和发展潜力。

经典案例：

一位名叫梦琪的年轻妈妈，在关注自己孩子早期教育的同时，发现了一条既能满足家庭教育需求，又能实现自我价值的创业路径——开设一家名为"智慧星乐园"的儿童益智中心。

凭借对儿童发展心理学及教育理论的深刻理解，梦琪巧妙地将娱乐、教育和社交功能融为一体，精心策划了一系列富有创新性且充满挑战的益智游戏与活动，确保孩子们在愉快的氛围中获得实质性成长。在运营过程中，梦琪紧跟时代潮流，持续引入前沿教育理念，针对不同年龄层和兴趣爱好的儿童，量身定制了多样化的主题空间，如科普探索区、艺术创作坊、小小工程师实验室等，使得"智慧星乐园"迅速成为当地社区备受欢迎的一站式儿童成长基地。

经过短短两年的经营，"智慧星乐园"因其卓越的教育成效和高品质

的服务体验赢得了广大客户群体的口碑。按照每月平均会员费用为每位孩子300元，月均活跃会员数200名，再加上特色活动、节假日课程等额外收入来算，保守估计其年收益可达72万元，展现出了显著的经济效益。梦琪的成功证明，借助专业素养投身儿童益智产业，不但能够助力下一代健康成长，也能成就一番属于自己的辉煌事业。

创业实战：

市场调研与定位：梦琪首先深入了解了目标市场中家长对孩子早期教育的需求，以及现有儿童游乐场所的不足，明确了儿童益智项目的定位，即打造集游乐、教育、社交于一体的综合平台。

产品设计与创新：梦琪运用儿童心理学和教育学专业知识，设计出富有创意和教育价值的益智游戏与活动，并根据不同年龄段和兴趣特长的孩子，推出多样化主题板块，以满足个性化需求。

专业团队组建：招募具有教育背景和儿童服务经验的团队成员，确保能够为顾客提供高质量、专业化的服务，同时不断进行内部培训，持续提升团队的专业能力。

营销推广与口碑建设：通过线上线下相结合的方式进行宣传推广，如社交媒体、亲子论坛、线下活动等。同时，注重用户体验和口碑传播，并提供优质服务，以吸引和留住客户。

灵活经营与持续优化：根据市场反馈和经营数据，不断调整和优化益智项目，引入新的活动形式和教育资源，确保项目始终保持活力和吸引力。

风险提示：

△儿童益智项目的初始投资可能较高，包括场地租赁、装修、设备采购、人员招聘等费用，创业者需确保资金充足，并做好成本控制；

△确保所有设施安全无害，符合儿童使用标准，要配备足够的安全防护措施和急救设备，避免发生意外伤害事件。

051. 婴儿游泳馆：创办婴儿游泳馆，年纯利润超100万元

婴儿游泳馆是一种专门为婴幼儿提供安全、卫生、舒适的游泳环境及相应服务的商业设施，其通常配备有适宜婴幼儿体型和需求的专业游泳池，并将水温和水质严格控制在适合婴儿的标准范围，来确保婴幼儿能够在安全健康的条件下进行游泳活动。婴儿游泳馆不仅提供游泳服务，还提供包括洗澡、抚触按摩等配套护理项目，并且通常会有经过专业培训的工作人员在一旁指导和监护，确保婴幼儿在游泳过程中的安全与舒适。此外，部分高端或专注于早期教育的婴儿游泳馆还会结合"水中早教"理念，通过一系列精心设计的游戏和训练，促进婴儿的身体发育、体质增强，同时对婴儿进行智力开发，提升婴儿的感官协调和情绪社交能力，从而成为亲子互动与儿童早期发展的综合性平台。

经典案例：

张女士坚信优质婴幼儿早期体验的重要性，为此，她创办了"阳光宝贝水育中心"，专攻婴童游泳与水上教育。

在项目启动阶段，张女士深度调研了市场需求，精心规划了从选址、装修、设备购置到团队组建的一系列商业策略。"阳光宝贝"毗邻一所知名儿科医院，方便新生儿及幼童家庭抵达。装修设计时，她注重安全、温馨与舒适，力求打造最适合婴幼儿的游泳空间。张女士严选国内外顶级游泳设施，确保所有器材达到最高安全标准。随后，她招纳并严格培训了一批具备爱心与专业技能的员工团队，确保能为顾客提供高品质服务。经历数月紧锣密鼓的筹备，该水育中心盛大开业。开业当天，当看到孩子们在清洁安全的泳池中畅游，家长们露出满意的微笑时，张女士深感努力的价值所在。

在日常运营中,她坚持用户导向,不断收集反馈并优化设施服务。同时,阳光宝贝积极对接社区,定期举行亲子游泳课、水下摄影活动等,极大提升了品牌知名度和社区关系。

得益于此,"阳光宝贝水育中心"在短短一年内就实现了稳定客流和可观利润,预计年度纯利润超百万元。当前,张女士正着手扩大场馆规模,引进更多创新服务项目,并寻求与行业内领军企业的深度战略合作,力图在婴童游泳与水上教育领域实现更大突破。

创业实战:

市场研究与定位:如同张女士所做的那样,首先需要深入了解婴幼儿游泳市场的现状与发展趋势,明确目标消费群体的需求,定位自己的游泳馆特色,如是否主打亲子互动、水中早教或是高级定制服务等。

周详的商业计划:制定详尽的商业计划书,包括但不限于预期的投资额度、选址策略、装修设计方案、设备选购标准、人员配置与培训计划、定价策略以及营销推广方式等。

战略选址:考虑到目标客群的便利性,可优先选择邻近妇幼保健院、幼儿园或者大型居住区的地方。张女士选择紧靠知名儿科医院的地点,有利于吸引新生儿和儿童家庭。

安全保障与环境创设:作为婴儿游泳馆,首要任务是保障婴幼儿的安全。因此,在装修设计时必须严格遵循安全、卫生、温馨的原则,选用无毒环保材料,配置专业的婴幼儿游泳池及相关配套设施。

高标准设备采购:选购国际国内知名品牌、符合婴幼儿使用标准的游泳设备,确保产品品质和安全性。

客户服务与品牌塑造:开业后,持续关注客户需求,及时收集反馈意见,不断优化服务内容和质量。积极参与社区活动,组织各类亲子互动课程和主题活动,以提高品牌知名度和美誉度。

风险提示:

△通过多元化的营销策略拓宽获客渠道,形成稳定的客户群;

△根据市场需求和自身优势，适时拓展业务范围；

△寻求与行业内外优秀企业的合作，共享资源，共同发展。

052. 儿童健身房：创立儿童健身房，实现纯利润60万元

针对儿童的健身房也称为儿童体适能中心，是一种专门为儿童设计和运营的健身场所，它的核心目的是促进儿童健康成长，全面提高儿童身体素质，同时也兼顾寓教于乐，培养孩子的运动兴趣和团队协作精神。

经典案例：

姚奕一直热衷于青少年体育教育，深信健康活泼的童年对人生有着重要影响。于是在2020年，他决定创立一家名为"欢乐动力"的儿童健身房。他首先对目标市场进行了详尽的研究，发现随着现代父母对孩子身体健康和全面发展的高度重视，儿童体适能产业拥有巨大潜力。

姚奕首先明确了主要服务对象为3~12岁的儿童，为他们提供有趣且科学的运动课程，如儿童瑜伽、基础体操、平衡力训练等。接着，他租赁了一处位于市中心繁华地段、周边有多所学校的商铺，其内部装修风格活泼，器材全部选用符合儿童安全标准的产品，同时划分出了多功能训练区域。又高薪聘请了具有儿童体适能教练资质的专业人士，开展了一系列员工培训，确保了教学质量与服务水平。还利用社交媒体、线下活动和学校合作等多种途径宣传，推出试课优惠和会员制度，迅速积累了一批忠实客户。

经过一年多的运营，"欢乐动力"儿童健身房以其独特的课程设计和优质服务赢得了广大家长和孩子们的喜爱。据统计，截至2021年底，该健身房已经吸引了超过500位长期会员，平均每位会员年费约3000元，初步估算年营业收入达150万元，扣除租金、人工、设备折旧和其他运营

成本后，实际纯利润约 60 万元，展现了良好的经济效益和社会价值。

创业实战：

市场调研与定位：像姚奕一样，大家首先要深入了解本地儿童健身市场的供需状况，分析潜在客户群体的需求和支付意愿，精准定位健身房目标年龄层、服务内容和特色。

合理选址与装修：选择邻近学校、社区或购物中心等人流密集区域，便于目标客户群到达。装修风格需符合儿童喜好，明亮、活泼且安全，配备适合各年龄段儿童的运动器械和功能区域。

课程研发与师资建设：聘请持有儿童体适能教练资格证书的专业人士，开发符合儿童生长发育特点的多元化课程体系，如体操、瑜伽、平衡训练等，并定期对教练团队进行培训和考核。

营销推广与品牌建设：运用线上线下相结合的方式进行推广，如社交媒体广告、线下亲子活动、与学校合作等。同时，要注重品牌形象塑造，为顾客提供高品质服务，建立良好口碑。

会员管理与服务优化：实行会员制管理模式，制定合理的会员套餐和优惠政策，定期收集客户反馈，持续优化课程内容和客户服务，提升客户满意度和续费率。

风险提示：

△务必选用合规安全的设施设备，强化安全防护措施，防止意外事故的发生；

△高水平的教练团队是儿童健身房的核心竞争力，还需防范员工流动带来的教学质量和客户维护问题。

053. 儿童瑜伽训练馆：开创亲子瑜伽工作室，实现年纯利润120万元

儿童瑜伽训练馆是一个专门为儿童设计的瑜伽练习场所，它专注于给不同年龄段的孩子提供适合的瑜伽课程与活动。这类训练馆不仅给儿童提供了专业的瑜伽练习环境，还针对儿童的身体发育特点、心理需求和兴趣爱好定制了一系列瑜伽动作、游戏和冥想练习。亲子瑜伽是儿童瑜伽训练馆中的一个重要组成部分，家长可以陪同孩子一起参加课程，增进亲子间的互动与情感联系，同时也鼓励家庭成员共同参与到健康的锻炼活动中来。下面就来拆解一个亲子瑜伽的案例。

经典案例：

王怡婧是一位资深瑜伽教练，她深刻认识到瑜伽对于儿童身心健康的积极影响。在2020年初，她决定并开创了一家亲子瑜伽工作室，将其取名为"智慧树瑜伽屋"。

王怡婧首先对所在城市的儿童健康教育市场进行了深入研究，了解到越来越多的家长开始关注孩子的身心健康，亲子瑜伽正好能满足这一需求。因此，她将工作室定位为面向3～12岁儿童及其家长的亲子瑜伽训练基地。又亲自设计了一系列生动有趣、寓教于乐的亲子瑜伽课程，涵盖基础体式、呼吸调控、亲子互动游戏等环节，并邀请了几位同样具备儿童瑜伽教学资质的教练加入团队。她将地址选在了一处交通便利、周围有许多学区房的商业街区内，室内装修采用了绿色环保材料，设计充满童趣，营造出温馨和谐的亲子瑜伽学习环境。王怡婧还借助社交媒体平台、线上线下活动以及与周边学校、托儿所的合作，大力推广亲子瑜伽课程。同时，利用提供免费体验课、会员优惠、积分兑换礼品等方式吸引并留住

客户。

经过两年的运营，截至2022年底，"智慧树瑜伽屋"已累计招收会员家庭超过300组，平均每组家庭年付费课程费用为5000元，扣除场地租金、员工薪酬、营销成本等相关支出后，年纯利润达到了约120万元，显现了良好的经济效益和社会影响力。

创业实战：

市场分析与定位： 王怡婧首先对目标市场进行了深入研究，了解家长对儿童身心健康日益增长的关注度，从而准确定位亲子瑜伽工作室的服务对象和特色课程。在创业之初，创业者应充分考察市场需求，明确自身的竞争优势与差异化服务内容。

课程设计与师资建设： 王怡婧亲自设计了一系列适应儿童身心发展规律的亲子瑜伽课程，并集结了专业的师资团队。创业者需注重课程的趣味性、互动性和教育意义，并确保师资团队具有相关资质和丰富的儿童教学经验。

选址装修与环境营造： 选择接近目标客户群体（如学区附近）的场地，确保交通便利。装修风格需符合亲子主题，要注重环保与安全性，并营造出愉悦、温馨的瑜伽学习氛围。

营销推广与合作伙伴关系建立： 利用社交媒体、线上线下活动进行品牌推广，同时积极与周边学校、幼儿园等教育机构合作，提供免费体验课程，吸引并转化潜在客户。

客户服务与会员制度： 设定合理的会员制度，提供多样化服务选项，通过优质的服务和会员福利巩固用户黏性，提高客户回头率和转介绍率。

风险提示：

△需持续关注市场动态，不断创新服务内容，保持竞争优势；

△提前规划人力资源策略，通过合理待遇、职业发展路径等方式降低教师离职率；

△确保所有设施安全可靠，严格按照规定操作，规避可能的安全事故，并确保所有运营活动合法合规，避免法律纠纷。

第09章

旅游休闲：
旅游休闲领域的
商业机遇与成功实践

054. 旅游创业：创办中老年旅游服务公司，实现创业转型

旅游创业是指个人或团队识别并抓住旅游行业内的商业机会，创建新的旅游产品、服务或商业模式，以满足游客不断变化的需求，或解决现有旅游市场中存在的问题，进而获取经济效益和社会价值的过程。它涵盖了在线旅游服务平台、特色旅游产品开发、旅游目的地运营管理、旅游配套服务、科技驱动创新等广泛的细分领域。下面拆解一个创办中老年旅游服务公司的案例。

经典案例：

李先生和王女士这对夫妻在结束职业生涯后，依然保持着对全球旅行的热爱。最近几年，他们注意到很多同龄人渴望出游却受限于时间、体力等因素。于是，两人便萌生了将旅行热情转化为商业机遇的想法。

他们在去年创办了一家名为"金色旅程"的旅游服务公司，专注于为中老年群体提供定制化的旅游体验。公司不仅提供丰富的特色路线，还特别设置了出行前的健康咨询、旅途中全方位的安全保障措施以及行程结束后细致的满意度调查等服务。由于其高度的专业性和以人为本的服务理念，"金色旅程"很快就在中老年旅游市场站稳了脚跟，并受到热烈欢迎。

面对当下的老龄化社会，越来越多老年人追求更丰富多元的精神文化生活，旅游消费需求逐步释放。李先生和王女士敏锐地捕捉到了市场上对老年专属旅游服务的巨大缺口，决心填补这一空白。他们精准把握住了这次商业契机，用心设计每一条旅游线路，全程提供专业的咨询服务和安全保障，同时完善售后关怀体系。

凭借这些举措，"金色旅程"赢得了广大中老年客户的信赖和高度评

价，公司规模迅速扩张，现已成为业界公认的中老年旅游服务翘楚。而李先生和王女士也实现了从爱好到成功的创业转型。

创业实战：

市场研究与定位：要深入研究中老年旅游市场，了解老年人的特殊需求，如健康状况、旅行节奏、安全保障、文化娱乐等，以明确公司定位，如提供专业且贴心的老年定制旅游服务。

产品与服务设计：设计符合中老年人需求的特色旅游产品，如慢节奏、低强度的线路，搭配医疗咨询、急救保障等增值服务。同时，还应关注用户体验，提供"一对一"旅游顾问服务，确保旅途无忧。

品牌建设与推广：树立关爱、专业、贴心的品牌形象，通过线上线下多种渠道进行精准推广，如老龄社区、养老机构、老年大学等，也可通过口口相传、口碑营销来积累信誉和客户群体。

合作伙伴与资源整合：与医疗机构、保险公司、导游团队等建立合作关系，整合优质资源，确保服务质量和客户满意度。同时，也可以与老年用品、保健品等行业跨界合作，拓宽盈利来源。

风险提示：

△ 中老年游客的健康状况和安全问题尤为关键，因此应做好应急预案；

△ 保持敏锐的市场洞察力，及时调整产品和服务策略，以适应市场需求的新趋势；

△ 建立完善的质量监控和客户关系管理体系，确保服务质量稳定，持续提升客户满意度和复购率。

055. 民宿：将自家小院改建成民宿，实现年收入300万元

民宿是一种小型住宿设施，通常指的是私人业主利用自有住宅或其他

闲置房产，将其改造为能够为人们提供短期住宿服务的场所。民宿的特色在于其个性化、家庭式服务和浓厚的地方文化气息，它不同于标准化的酒店，往往能为游客提供更加本土化、亲近自然和文化的体验。民宿经营者需要按照国家和地方的法律法规进行许可登记，并遵守相关的安全管理、环境保护等规定。下面这个案例，会给打算做民宿的创业者带来启示和借鉴。

经典案例：

谭秋英，一位原本可能成为辛勤教育工作者的女性，却选择了另一条充满活力的道路。最近，她在陕西某县工作时，要频繁往返于城市与故乡，见到家乡日新月异的变化，心中便燃起了回归故土创业的热情。当得知该县推出的"四个一百"扶持政策后，她毅然决定辞职，将自家小院改建成民宿，取名"田园雅舍"。

在当地政府的帮助下，谭秋英成功将小院打造成一座拥有7间原木风格客房，带有宽敞花园的精品民宿，即使阴雨绵绵，也有咖啡厅、茶室和书吧供客人享受静谧时光。民宿四周环绕着美丽的田园景色，为入住的游客提供了兼具舒适居住与乡野体验的场所。

谭秋英从教育行业转向民宿经营，源于她对家乡旅游业发展前景的信心和对留坝县"四个一百"工程的响应。在民宿设计和建设过程中，政府帮助请来了北京某知名设计团队，经多次沟通磨合，最终打造了令她满意的民宿风格。民宿于2022年"五一"假期开业，虽起步不久，但在谭秋英的努力下，民宿运营日渐走上正轨，不仅年收入达到了300万元，而且获得了众多好评。

创业实战：

把握市场机遇与政策支持：谭秋英充分利用了家乡留坝县推出的"四个一百"政策，准确把握了乡村旅游与民宿产业的发展机遇。创业者应关注并紧跟国家和地方政策导向，寻找合适时机和有利条件进入市场。

精准定位与个性化设计：谭秋英将自家小院改建为具有原木风格、环境优美且具备多功能休闲区的民宿，满足了游客对乡村休闲度假的需求。创业者在设计民宿时，应注重差异化定位，结合地域特色和市场需求打造独特的住宿体验。

整合资源与政府合作：谭秋英与政府密切合作，获得了政府在设计、建设等方面的大力支持。创业者在创业过程中，要学会整合各方资源，争取政策补贴和技术支持，降低成本，提升项目可行性。

培训学习与自我提升：谭秋英虽然从教育行业转行，但她积极参加各类培训，不断提升自身在民宿运营上的专业知识和技能。创业者应保持持续学习的态度，并不断提升自身经营管理水平，确保民宿运营顺利。

丰富体验活动与口碑营销：谭秋英组织游客体验农耕生活等活动，增强了民宿的吸引力和口碑。创业者要善于策划并提供丰富的附加服务和体验活动，通过口碑传播提升民宿知名度和入住率。

风险提示：

△民宿业受外部因素影响较大，可能导致入住率下降和投资回报的不确定性；

△民宿运营需遵守国家和地方的土地使用、建筑安全、环保、消防等一系列法规政策；

△民宿建设改造及运营需要精确计算投资回报，要确保拥有充足的现金流，防止因资金链断裂导致的经营困境。

056. 会所：通过"免费送"模式，成功筹集400万元资金

会所是指提供特定服务和设施的会员制社交或休闲场所。在旅游休闲领域，会所可以被视为一种高级别的服务综合体，能为旅游者和本地居民提供一站式、高品质的休闲体验。创业者在涉足此类项目时，需要考虑市

场定位、服务内容、设施建设、会员管理及营销策略等方面，要确保项目既能满足目标客户群的需求，也能实现经济效益与社会效益的双重回报。

经典案例：

2022年，马先生打算开设一家私房菜会所，他的商界人脉丰富，对外应酬花费颇巨，与其为别人创收，还不如自己开设一个集餐饮与社交于一体的会所，这既可以解决自身餐饮需求，又能从中盈利。恰好他有一栋闲置别墅，只需稍作装修就能节省大量租金。

马先生对此满怀信心，然而朋友提醒他，在当前经济环境下，高端会所投资风险较高。然而，马先生并未采纳建议，马上开业。但营收较低，会所运营两个月后，马先生无奈求助这位朋友，希望能够挽回300万元的投资损失。朋友接手后，提出了一套全新的商业模式，仅仅一个月便收回了400万元的成本。其商业模式主要包括两点，一是引流策略，提供河豚、鲍鱼、海参等高价菜品免费品尝，而在菜单上标注正常售价；二是截流策略，推出充值优惠，如充1万元赠3000元，充5万元赠3万元。

以往，这些昂贵菜品很难吸引普通消费者的持续消费。在朋友指导下，会所重新设计菜单，将高端菜品放在显眼位置并标明免费赠送，其余菜品则适度提价20%。具体操作中，会所经理会在客户用餐时，赠送价值数千元的河豚券给宴请宾客的主人，以彰显待客之道。客户下次光临时，凭券即可免费享用河豚。同时，在气氛高潮时，经理会推销充值优惠活动，促使有需求的客户充值办卡，如充1万元抵1.3万元，充5万元抵8万元。

通过这套商业模式，会所在一个月内通过充值活动成功筹集了400万元资金，解决了客户流量和现金流问题。

创业实战：

市场定位与资源利用：马先生准确抓住了周边商圈对高端餐饮和社交空间的需求，并利用自身闲置资源作为会所场地，降低了初始投入成本。创业者在开设会所时，需明确目标客户群体，充分利用既有资源，并结合市场需求进行定位。

创新商业模式：马先生的朋友提出通过免费提供高端菜品吸引客户，通过其余菜品提价和充值优惠实现盈利。创业者在设计商业模式时，要考虑如何通过独特的产品组合、服务和营销手段，吸引并留住客户，并确保盈利。

客户关系管理与口碑营销：马先生的会所通过赠送高端菜品和充值优惠，不仅给客户带来尊贵感，还成功锁定了长期消费。创业者应注重CRM系统（客户关系管理系统）的建设，为顾客提供优质服务，通过口碑传播和用户黏性提高复购率。

风险提示：

△创业者务必深入分析市场需求、竞争态势以及宏观经济环境，确保项目顺应市场趋势；

△在制定营销策略时，要谨慎权衡成本与收益的关系，确保商业模式的可持续性；

△构建多元化的营销渠道和策略的同时，要注重提升服务质量，以减少对单一营销手段的依赖。

057. 休闲钓鱼场：承包鱼塘免费钓鱼，一年斩获85万元纯利润

休闲钓鱼场，又称垂钓中心或休闲渔业公园，是专为钓鱼爱好者提供的休闲娱乐场所。这类场所通常选址在风景优美、生态环境良好的水域旁，如湖泊、水库、河流或人工鱼塘，旨在为钓鱼者提供一个安静、舒适的钓鱼环境。休闲钓鱼场不局限于提供钓鱼服务，还包括一系列配套设施和服务，如钓具租赁、休息亭廊、餐饮服务、停车场、洗浴设施等，甚至有的还会提供钓鱼教学、亲子钓鱼活动以及相关的休闲娱乐项目。在休闲

钓鱼场创业项目中，承包鱼塘并利用免费钓鱼的方式，是一种成功创业创收的方式，就像下面这个案例。

经典案例：

广东的陈先生，凭借20多年的垂钓经验，于2021年转战商业运营，承包了湖边鱼塘实施创新经营。他设置多元活动方案：免费垂钓按重量计费，吸纳各类钓友；推出500元的一次性付费回收服务及3000元年费会员计划，含鱼饵、防护设备及简餐等增值项目，以满足不同层次的钓友需求，提升其垂钓满意度。

陈先生独具慧眼，深挖消费者细分需求，将钓友划分为新手、熟练者和专家三类，分别提供免费试钓、优质钓具配套指导及全面高端服务。这一差异化策略赢得了各层级钓友的青睐，并显著提升了营收。

此外，陈先生增设露营、烧烤、野餐等休闲项目，吸引了更多家庭及团队客源，并主动与钓具厂商、知名品牌、旅游企业合作，借助赞助、广告等方式拓宽收入渠道。一年内，陈先生凭借其精明的经营理念和多元化服务，斩获了85万元纯利润。

创业实战：

深入挖掘并满足消费者需求：进行市场调研，了解垂钓爱好者的真实需求，如他们对于垂钓环境、设施、体验的要求，以及支付意愿和消费习惯等。同时要设计多层次、个性化的产品和服务组合，如同陈先生那样，既有针对新手的免费入门体验，也有面向熟练者和专家的专业服务。

提供个性化与增值服务：针对不同的消费者群体提供定制化服务，如按照垂钓成果计费、会员制服务包、附加设施租赁和专业指导等。同时要不断创新和优化服务内容，增加休闲娱乐元素，如露营、烧烤等户外活动，提高用户的停留时间和重复消费率。

建立合作伙伴关系：寻求与钓具生产商、品牌商、旅行社等产业链上下游企业的合作，通过共同举办活动、产品推广、赞助或分成等方式共享资源，拓宽收入来源。同时，要注重建立长期战略合作关系，互相借力，增强品牌形象和市场竞争力。

风险提示：

△ 创业者需持续关注行业动态，灵活调整经营策略以适应市场趋势；

△ 物业租赁、鱼苗投放、设施维护等固定成本投入较大，需要精细管理；

△ 钓鱼场所经营活动涉及环保法规、安全规定及许可审批等问题，要确保合法合规运营。

058. 会员制：实施旅游行业解决方案，680元即能享受VIP待遇

会员制已经成为生活的常态。超市购物出示会员卡，宅家里看视频充会员，只要是个电商平台都有会员制度，人们甚至有时会反感商家无所不用其极地推销充值会员的行为，如用小诱惑引导扫二维码免费升级会员等。创业者虽深知会员制的重要性，但往往会因会员获取成本高、方式复杂而发愁，以至于望而生畏。然而，对于想在旅游休闲领域创业的人来说，红蚁旅游的会员制则是一个可以学习借鉴的例子。

经典案例：

红蚁旅游的创始人是出生于云南丽江的谷璟弘，他于2019年率先在旅游界倡导社交分享与商业共享相结合的新型互联网旅游模式，并创建了中国首个社交共享旅游平台——红蚁旅游，推出了"会员制旅游共享平台"解决方案。红蚁旅游现推出680元套餐，覆盖两位成人全程接送、餐饮、住宿、景点门票等基础旅行开销，用户只需自购往返机票即可出行。

能如此低价则得益于其深度折扣优势及独特的商业模式：一是红蚁旅游通过社交分享摒弃了传统广告费和实体店运营成本；二是与目的地商家深度合作，以引流方式助其增加营收，自身也通过线上推广实现创收；三

是红蚁旅游借助庞大的公众号粉丝群进行广告植入与品牌合作，通过赞助商的支持进一步充实了收益来源。

如今，红蚁旅游已逐渐成为会员制社交共享旅游行业的翘楚，吸引了众多中小企业寻求转型及普通创业者关注，成为他们的优先选择之一。

创业实战：

创新商业模式设计：结合市场需求，谷璟弘创造性地将社交分享融入旅游业务，提出了"社交分享+商业共享"的互联网旅游模式，构建了会员制旅游共享平台。创业者应深入洞察消费者行为变化，创新设计既能满足客户需求，又能降低运营成本的商业模式。

打造极致性价比体验：红蚁旅游通过整合产业链资源，拿到了最优折扣，为会员提供了涵盖接送、食宿、门票等一站式旅游服务，只收取相对低廉的会员费用。创业者需要积极寻求与供应商的战略合作，以降低成本，提高服务质量，从而吸引和留住大量会员。

充分利用社交媒体与粉丝经济：红蚁旅游利用庞大粉丝基础开展广告植入和品牌合作，实现了多方共赢。建立会员社群，增强用户黏性，拓展多元化盈利渠道。创业者应注重运用微信公众号、短视频平台等新媒体工具，积累粉丝，形成口碑传播。

风险提示：

△依赖低价策略吸引会员的模式，要求具有强大的供应链管理能力，确保合作伙伴提供的产品质量和服务水准；

△新型的会员制旅游模式可能面临市场教育周期较长的问题，消费者对新模式的接受程度、信任度及付费意愿需要时间培养，因此创业者需要有足够的耐心和灵活的市场推广策略；

△必须严格遵守相关法律法规，防范潜在的法律风险，保障企业的合规经营。

第10章

新农村创业：
现代农业领域的
创新实践与丰厚回报

059. 农业电商：建成养殖场，在线上直销3万枚草鸡蛋

随着互联网的普及和农村电商的兴起，农业电商已成为一个不可忽视的创业机会。通过农业电商，你可以实现财富增长，开创一份属于自己的事业。而选择适合在网上销售的农产品是成功的关键。下面这个案例将为创业者揭示如何根据农产品的特点、市场需求等实现财富增长。

经典案例：

在办公室担任行政职务长达四年的林士民，于最近离职，回到家乡承包了一片林地，开始生态散养土鸡。他的妹妹一直在本地农产品流通领域打拼，通过农协收购农民的土鸡蛋后再转售给顾客，但中间环节的存在导致了成本上升且货源难以稳定。于是，林士民联手妹妹一起投资建设了一个现代化的土鸡养殖场。

妹妹继续维护原有的销售渠道，而林士民则着力开辟新的网络营销阵地，通过抖音、快手等新媒体平台直播养殖场实况，展示生态养殖全过程，迅速吸引了大批都市消费者的关注。林士民亲自操作线上销售，实时接收订单，并保证新鲜鸡蛋直送到家。

目前，林士民已成功积累了超过2000名的忠实粉丝。他推出的高品质土鸡蛋单枚售价为15元，自启动线上销售以来，短短九个月内就已售出超过3万枚的土鸡蛋，成功达成预期销售目标，林士民的创业故事展现出了新时代农村电商的魅力与潜力。

创业实战：

垂直整合产业链：林士民与其妹携手，从源头做起，直接承包土地养殖土鸡，消除中间环节，确保产品品质和稳定供应。创业者应考虑掌握关键生产环节，建立自有基地或紧密合作的农户网络，以实现产品差异化和

成本控制。

线上线下融合营销：林士民充分发挥线上线下渠道的优势，妹妹负责传统线下销售，自己则主攻新兴的线上直销。利用抖音、快手等新媒体平台展示真实的养殖环境和生产过程，吸引消费者关注并建立信任关系。创业者应搭建电商平台，结合直播、短视频等形式讲述产品背后的故事，促进销售转化。

精准定位与粉丝经济：林士民通过展示生态养殖特色，吸引了追求绿色健康生活的城市消费者，建立了稳定的粉丝群体。创业者应明确目标市场，打造符合消费者期待的品牌形象，通过提供优质内容和个性化服务积累粉丝，实现复购和口碑传播。

风险提示：

△应建立健全风险管理机制，确保产品供应稳定；

△要不断学习和适应电商平台的运营规则，投入必要的资源进行营销推广；

△务必严把产品质量关，严格按照国家相关标准执行，确保食品安全无虞。

060. 网上农业经纪人：做农业经纪人，网上交易额达100多万元

网络农业经纪人群体，是指活跃于各类线上平台，致力于协助农户优化农产品销售流程的专业中介力量。他们依托电子商务技术，为农户打通产品上线、交易撮合、物流调度、支付结算等一系列环节，极大提升了农产品从田间到餐桌的流转效率和服务体验。伴随着互联网在乡村地区的广泛渗透以及农业电子商务的蓬勃兴起，这一角色的价值越发凸显，其发展前景呈现出了强劲向好的态势。

经典案例：

李海涛，一位看似普通的农村创业者，尽管他在 2015 年才开始接触计算机科技，但在短短数年间便展现出了卓越的适应力和创新能力。2020 年，他以农业经纪人的身份在网络平台上大展拳脚，其农产品的网上交易额累计突破了 100 万元的大关。在当今社会，熟练使用电脑、每日沉浸在数字世界里的人比比皆是，然而，能如同李海涛这般巧妙地借助电脑工具为自己创造财富、实现致富梦想的个体却并不多见。

李海涛凭借敏锐的商业嗅觉和扎实的电子商务技能，成功地将自家农田里的丰富物产与广阔的市场需求对接起来。现如今，他无须离开家门一步，只需轻点鼠标，便能洞悉全国各地乃至全球的市场动态，把握住每一个宝贵的商机。在他的精心运作下，一笔笔数额不菲的农产品交易在他手中顺利完成，真正实现了"一网在手，商机我有"的现代农村电商传奇。通过他的事迹，我们看到了数字化时代下，即使是起步较晚的农村创业者也能通过掌握和运用先进的信息技术，创造出一番属于自己的事业天地。

创业实战：

熟悉并善用电商工具：李海涛虽然起步较晚，但迅速掌握了电脑技术和电子商务应用，创业者首先要学习并熟练运用各种电商交易平台，包括发布商品信息、处理订单、组织物流、完成支付等全流程操作。

挖掘和整合农产品资源：李海涛作为农业经纪人，他成功的关键在于能有效整合周边农户的农产品资源，创业者应深入农村地区，发掘优质农产品，建立稳定的供应关系，同时要注重产品的差异化和品质把控。

市场分析与精准定位：李海涛能在网上实现百万交易额，体现出了他对市场需求的清晰认识。创业者需要持续研究市场动态，找准目标客户群，如瞄准城市中追求原生态、高质量农产品的消费者，精准投放产品信息。

线上线下联动营销：虽然李海涛主要依靠线上交易，但同样需要建立线下联系，如实地考察农产品质量、解决农户疑问、提升农户电商意识等，通过线上线下结合来推动农产品销售。

风险提示：

△加强风险管理，采用科学种植技术和监测预警系统，保障产品稳定生产和供应；

△及时跟进政策变化，创新营销策略，提升服务质量，巩固和拓展客户群体；

△建立健全市场信息收集与分析机制，灵活调整产品结构，实施多元化经营策略。

061. 农活服务公司：创建综合性农业服务公司，实现15万元纯利润

农活服务公司是专门为农业生产者提供全方位农事服务的商业实体。这类公司通常涵盖了从农田耕作、播种、灌溉、施肥、病虫害防治、收割到农产品初加工、储藏以及销售等一系列与农业生产相关的服务。农活服务公司通过提供专业化、机械化、标准化的服务，帮助农户减轻劳动强度、提高农业生产效率、保障农产品产量和质量，还可以通过科学管理帮助农户降低成本、增加收益。此外，一些公司还会提供农业技术咨询、培训服务，帮助农户提升农业生产技术水平。它们的存在是为了弥补农村劳动力减少、农民老龄化、青壮年劳动力外流等社会变迁带来的农事劳动力不足问题，同时也顺应了现代农业规模化、集约化和专业化的趋势。

经典案例：

最近，村民韩明发现，随着农村劳动力结构的变化，村民们普遍倾向于将农业种植作为副业，并将更多的时间投入到其他收益更高的工作中，因此对于专业农事服务的需求日益增长。韩明注意到，乡亲们愿意出资聘

请他人进行农药喷洒、施肥、除草等农事作业，以便腾出手来专注于其他赚钱途径。于是，他敏锐地意识到这是一个巨大的市场机遇，设想创建一家集耕种、田间管理、收割到农产品销售于一体的综合性农业服务公司。

在家人的激励和支持下，韩明跃跃欲试，开始了他的创业之路。经过一段时间的努力，他不仅组建起了专业的农业服务团队，还引入了现代农业机械和技术，为农户提供了一站式托管服务。在公司成立以来的短短一年内，韩明的农业服务公司就实现了约 50 万元的营业收入，扣除成本后，纯利润为 15 万元，显现出了良好的经济效益和社会效益。这一成绩为韩明未来在农业服务领域的长远发展奠定了坚实的基础。

创业实战：

市场调研与定位：韩明的案例表明，初创者首先应深入了解农村市场的实际需求，关注农户由于外出务工或其他原因造成的农事劳动空缺现象，确定服务内容与范围，如耕种、播种、打药、收割等，并根据实际情况拓展至农产品销售环节。

资源整合与专业化服务：成立农活服务公司时，需整合农机具、农技人员、农资供应商等资源，提供专业、高效的农事服务。同时，引进先进的农业技术和设备，提高服务质量和效率，以满足农户对现代农业服务的高标准要求。

合理定价与盈利模式：根据各项服务的成本和市场接受程度制定合理的价格策略，探索多元化的盈利模式，如按亩收费、项目打包服务、分成合作等，确保公司的可持续发展。

建立品牌与口碑：在提供优质服务的同时，要加强品牌建设，通过口碑传播、社区推广、政府合作等多种途径扩大知名度，吸引更多的农户签约合作。

风险提示：

△实时跟踪政策和市场需求，灵活提供契合农户新需求的农活服务项目；

△持续强化服务质量监管，定期培训升级服务团队的专业技能与农事知识；

△详尽规划资金使用，合理控制成本，也应注重寻求融资渠道，确保资金链安全。

062. 特产致富：大学生当农民卖土特产，半年纯收入12万元

在新农村创业领域中，特产致富是一个极具潜力的创业方向，因为它充分利用了各地独特的自然资源和文化传承，打造出了与众不同的商品，满足消费者对于天然、健康、地域特色产品的需求，从而带动地方经济发展和农民增收，而这也让创业者获得了经济收益。下面就是一个特产致富的例子。

经典案例：

林栋毕业于四川理工大学，曾担任成都某知名网络公司网络部总监，年薪14万元。作为一名从汉源农村走出的青年，每逢佳节回乡探亲时，常被同事、朋友委托捎带当地的土特产。鉴于此，林栋于2020年初决心回归故乡，利用自身网络技术专长创建电商平台"乡土味道"，旨在销售家乡特产，带动乡亲致富。

2021年3月，"乡土味道"网站正式上线。起初，网站运营困难重重，直至2022年5月10日才迎来了首单交易，来自雨城区的客户张斌下单订购了50千克大樱桃，交易金额达1.5万元。林栋迅速组织优质货源并完成发货，由此开启了电商事业新篇章。

随后，林栋拓宽经营范围，新增樱桃、花椒油、清溪黄牛肉、坛坛肉等200余种土特产品，其中仅大樱桃一项就销售了1500多千克，带来了大约6000元的收入。综合所有特产销售情况，林栋在电商运营的前半年

内，总销售额即突破了 70 多万元，纯收入 12 万元。

创业实战：

挖掘本土特色资源：林栋敏锐地捕捉到了家乡特产的市场需求，如樱桃、花椒、苹果等。创业者应当深入挖掘本地独特、优质的产品资源，将其转化为具有竞争力的商品。

发挥专业技能优势：林栋运用自身在网络技术方面的专长，建立了电商平台"乡土味道"。创业者应充分结合自身专业背景和技能，通过互联网、电子商务等手段拓宽销售渠道，打破地域限制。

整合供应链资源：林栋与农户合作，以高于市场的价格来采购优质货源，保证了产品质量，带动了农民增收。创业者需要建立稳定的供应链体系，与农户或生产商保持良好的合作关系，保障货源稳定和产品质量。

精准定位与市场推广：林栋瞄准城市消费者对原生态、特色农产品的需求，通过网店和电商平台精准推送，快速打开市场。创业者需精确找准目标消费群体，制定有效的市场推广策略。

风险提示：

△时刻关注市场动态，灵活调整产品结构和营销策略，避免市场萎缩带来的销售困境；

△做好供应链风险管理，确保产品供应量充足且质量可控。

063. 承包土地搞种植：承包土地种蔬菜，纯收入突破100万元大关

在我国现行土地制度框架下，承包土地搞种植是一种可行而且有效的创业形式。实务中，可以通过集中连片承包土地，实现规模化种植，提高农业生产的经济效益；可以引入现代农业科技，改进种植技术，培育优良品种，提升农产品质量与产量；可以考虑育苗、种植、采收、加工、销售

等全产业链；可以根据市场需求调整种植结构，对接市场渠道，实现农产品的有效供给和价值最大化；可以通过土地流转，带动农村剩余劳动力就业，并推动农村产业结构优化和农民增收。需要注意的是，承包土地搞种植需要遵循国家土地政策，尊重农民土地承包权益，依法依规签订土地承包合同，并积极采取措施降低自然、市场、技术、政策等多重风险。

经典案例：

绿荫村村民王志刚现年55岁，于近年投资40万元，在邻村承包了180亩土地用于蔬菜种植。蔬菜基地以种植辣椒、茄子、四季豆、黄瓜、瓠瓜及反季节蔬菜为主，每日稳定供应新鲜蔬菜1000~1500千克，极大地丰富了市民的"菜篮子"，而当地农户通过土地流转获得了约7万元的收入。

近年来，王志刚推广的稻草覆盖马铃薯种植法成效显著，年产量高达130吨，纯收入达28万元。为了发展高效瓜菜产业，王志刚还成功研发了"甘蓝—甜瓜—玉米—白菜"和"甘蓝—彩椒—玉米—芫荽"两种高效轮作模式。其中，"甘蓝—甜瓜—玉米—白菜"模式在20亩土地上的实践结果显示，平均每亩产值能达到5500元。两种模式相加，王志刚创造了总计约25万元的经济效益。他还独创了嫁接技术培育超大西瓜，近两年成功培育出十多个重量超过20千克的巨型西瓜，并乐于分享自己的技术和种植新模式，接待了周边数百人次前来参观学习，带动150余户农户推广"四季循环"高效种植模式，累计推广面积超过1000亩，新增经济效益逾300万元。王志刚的总收入，保守估计已经突破了100万元大关。

王志刚始终不忘带动乡亲共同致富，无私地将自己多年积累的种植经验传授给同村和邻村的乡亲们。如今，绿荫村的蔬菜种植业重新焕发生机，已成为该村的重要支柱产业，有力促进了地方经济发展和农户增收。

创业实战：

科学选地与规划：王志刚选择了适宜种植蔬菜的土地，并进行了规模化的承包。创业者在选址时应考虑土壤、气候、水源、交通等因素，确保地块适合种植目标作物。同时，要有前瞻性地规划种植结构和轮作模式，以提高土地利用率和产出效率。

技术创新与品种引进：王志刚大胆研究新技术、引进新品种，如稻草覆盖种植马铃薯、嫁接技术培育超大西瓜等。创业者应关注农业科技前沿动态，积极引进、试验和推广新品种、新技术，以提升种植产品的品质和市场竞争力。

产业链延伸与服务拓展：王志刚通过技术创新带动农户推广高效种植模式，形成了产业集群效应。创业者不仅要关注种植本身，还要思考如何构建完整的产业链，如建立冷链物流、深加工工厂、技术服务团队等，同时通过培训、示范、咨询服务等方式，带动周边农户共同发展。

资源整合与合作共赢：王志刚通过土地流转与周边农户合作，实现了共赢。创业者应学会整合各方资源，包括政策扶持、金融支持、人力资源等，同时建立与农户的紧密合作关系，通过土地流转、利润分成、技术支持等方式，激发农户积极性，共同推动产业发展。

风险提示：

△高效种植技术更新迅速，要跟上技术变革并合法合规运用这些技术；

△需密切关注政策动向，确保项目合法性，避免因政策变更导致的经营风险；

△做好风险管理预案，以应对不可预见的风险。

064. 共享菜园：按田块每年每亩收取租金，年纯收入50万元

共享菜园是一种新兴的农业经营模式，也是新农村创业的一种模式，它不仅可以满足城市居民对新鲜、健康食品的需求，还可以为农民带来稳定的收入。此外，共享菜园还可以为农民提供额外的劳动力和资源，帮助

他们更有效地进行生产。

经典案例：

位于市区边缘的"田园时光"休闲农场成立于2022年初，由年轻创业者雷俊发起。在当时，他看准城市居民向往田园生活的需求，租赁了一片占地约20亩、拥有完备交通与排灌设施的农田。雷俊投入初期资金约5万元，将农田精细化分割为200块约100平方米的小田块，并向城区居民出租，供他们种植蔬菜、瓜果和花卉，打造城市中的绿色休闲乐园。

雷俊采取的经营策略是，每块小田块按年度向租户收取租金3000元，而他向农民租赁土地的成本仅为每亩每年1000元。经计算，除去土地租金、设施维护、员工工资以及其他运营成本后，雷俊仅通过田块出租一项，可在一年内实现约40万元的毛利润。此外，农场还提供种子、肥料、技术支持等增值服务，以及举办亲子农耕体验活动等，进一步增加了收入来源，这部分收入能达到12万元。

截至2022年底，雷俊的"田园时光"休闲农场凭借创新的运营模式和贴心的服务，赢得了广大租户的好评，经济效益和社会效益显著。该项目的成功无疑为城市周边农业休闲产业的创新发展提供了有益借鉴。

创业实战：

场地选址与设施建设：雷俊选择的是城郊交通便利、排灌设施完善的农田，这为共享菜园的运营提供了良好的基础。创业者在选址时需考虑田地与城市中心的距离、交通可达性，以及农田本身的基础设施是否健全。同时，要投资改良农田设施，如增设灌溉系统、围栏、休憩区等，提升用户体验。

精准定位与细分市场：雷俊将农田细分为小块出租给城市居民，明确目标客户为渴望体验农耕乐趣的城市居民。创业者需要精准定位市场，了解目标客户的需求与喜好，提供个性化服务，如亲子农耕、有机蔬果种植、主题种植活动等。

创新经营模式与增值服务：除了基本的田块出租，雷俊还提供种子、肥料和技术支持等增值服务，举办主题活动。创业者应在出租基础上不断创新经营模式，如开设农技课程、定期组织采摘活动、线上种植成果分享等，增强用户黏性，创造更多盈利点。

风险提示：

△保持高度市场敏感性，紧跟消费趋势与政策导向，灵活调整共享菜园产品与服务；

△签订长期、稳定的土地租赁合同，也应考虑租金浮动条款，确保土地使用的合法性与稳定性；

△构建全流程管理体系，强化内部管理与成本控制，储备应急资金，同时提升服务质量以应对不可预见的风险。

第11章

技能创业：
技能型创业者的
独特视角与自主创业之路

065. 技能变现：一次小小的合作，就赚取1500元报酬

技能变现是指个人或团队利用自身拥有的某种专业技能、知识或特长，通过提供服务、产品或解决方案，将这些无形的技能转化为有形的经济收益的过程。这种创业项目通常不需要大规模的资金投入，更多的是依赖于个人的经验、专业知识、创新思维以及技术能力来创造价值，并通过线上平台、咨询服务、教育培训、产品研发、创意设计等各种形式实现盈利。在数字化、网络化环境下，技能变现的渠道更为多样，如在线教育、内容创作、远程服务等，这使得更多人有机会将个人技能转化为创业项目，实现个人价值与经济价值的同步提升。

经典案例：

小美的朋友小芳近期在社群里寻找制作海报的服务，起初只是在群里打听谁能胜任及市场价格。随后，小芳私下找到小美询问好友雨哥是否精通Photoshop，并表达出不愿欠人情，希望雨哥能给出正式报价合作。雨哥作为专业设计师，虽对此有些迟疑，但在小美的鼓励和支持下，他综合考量自身时间和专业技能，为小芳提供了一份以1500元作为报酬的价格方案。

最终，小芳采纳了雨哥的报价，两者顺利展开合作，雨哥运用自身的专业技能与原创设计理念为小芳精心打造了一款独特的海报。此外，基于高质量的作品和服务，雨哥和小芳建立了信任关系，而这就有可能发展为长期合作关系，从而为雨哥带来持续稳定的收入来源。

创业实战：

提升并展示专业能力：如案例中的雨哥专注于平面设计领域，通过长

时间的学习和实践经验积累，形成了深厚的专业技能壁垒。创业者需要了解并掌握行业最新知识和技术，如线上和线下设计的不同要求，以保持自身技能的竞争力。同时，利用社交媒体、个人博客、作品集网站等平台展示个人作品，让更多潜在客户了解并认可创业者的专业能力。

强化原创能力：不断锻炼独立思考和创作的能力，为客户提供独一无二的设计解决方案，以满足客户的个性化需求。要尽量避免单纯复制或模仿已有作品，依据客户需求进行原创设计，体现作品的独特性和价值。在提供原创作品的同时，要注意保护自身知识产权，可通过版权登记等方式确保原创成果得到有效保护。

明智选择合作项目：了解并锁定目标客户群体，如雨哥选择他擅长的需要男性化风格设计的客户，避免接手不符合自己风格定位的项目。与客户充分沟通，了解其具体需求和期望，确保项目适合自己且能高质量完成。

建立长期合作关系：雨哥和小芳建立了信任关系，这种关系有助于发展成为长期合作关系，从而带来持续稳定的收入。创业者要注重通过优秀作品和专业服务赢得客户信赖，努力将一次性合作转变为长期稳定的合作关系。

风险提示：
△要始终保持学习和更新，以应对技能贬值带来的市场竞争力下降风险；
△要主动去各种平台寻找合作，或者运营自媒体，将自己的技能展示出来；
△提供原创服务要注意避免侵犯他人知识产权，同时要保护自身原创成果。

066. 清洁技术：打造保洁行业"特种兵"，线上粉丝突破120万人

随着环境污染问题日趋严峻，空气质量、水质以及固体废弃物处理等挑战日益突出，清洁技术产业的未来应用与发展空间正在大幅度扩展。在

此背景下，市场对各类高效环保的清洁解决方案和设备需求持续攀升，这包括但不限于高性能吸尘器、智能化扫地机器人、先进洗地清洁器械以及高效吸水排污装置等。因此，投身清洁技术领域的创新创业，研发和提供环境友好型清洁技术产品与服务，无疑是颇具前瞻性和广阔前景的创业方向。

经典案例：

退役军官孙浩博创办的"家洁守护者"提出的"家庭健康管理专家"的理念，将军队严谨的内务标准引入大众生活，打造出了集清扫、整理、空气净化于一体的家庭健康管理综合服务体系，被誉为"家政界的特种部队"。这一革新理念打破了传统家政服务的局限，引领行业迈向了精细化、高端化服务的新阶段。

孙浩博始终坚持"把小事做到极致，卫生清洁零容忍，客户不满即退款"的经营理念，据此，"家洁守护者"独树一帜地制定了高标准服务规范，赢得了众多客户的青睐。在他的领导下，"家洁守护者"汇聚了一批专业人才，组建了一支实力雄厚的服务团队，业务网络覆盖全国近30座城市，线上粉丝数量超过120万人，成功培养并向行业输送了2000名优秀学员，并在近期举办的创业大赛中荣膺冠军。

自2021年成立以来，"家洁守护者"稳步前行，屡创佳绩，在国内市场中占据了重要地位。至今，"家洁守护者"不仅提供卓越的家庭健康管理服务，还设立了国内首家家庭健康管理师培训基地，不断培养并输出新鲜血液，推动行业发展壮大。孙浩博的成功足以证明清洁技术在经济效益和社会效益上的显著成就。

创业实战：

创新服务模式与理念：孙浩博创立的"家洁守护者"围绕"家庭健康管理专家"这一全新理念，将军事化内务管理标准应用于家庭清洁服务，为顾客提供一体化的卫生、收纳、空气健康管理方案。创业者在利用清洁技术创业时，应深入挖掘市场需求，创新服务模式，定位高端精细服务，打造差异化的竞争优势。

设定高标准服务规范：孙浩博坚持以客户为中心，设立"不满意即退款"的服务承诺，并独创五大服务标准，以此提高客户满意度和忠诚度。创业者在创业过程中，要明确服务标准，建立严格的品控体系，确保服务质量，并敢于对客户提供售后保障，树立良好的品牌形象。

建设专业团队与培训体系："家洁守护者"通过聚合专业职能人员，创建了一支高效团队，并建立了培训输送体系，源源不断地培养行业人才。创业者在创业过程中，要重视团队建设，引进和培养具备专业清洁技术能力的人才，并建立完善的培训机制，确保服务团队的专业性和稳定性。

利用互联网扩大影响力：孙浩博成功运用互联网工具，使"家洁守护者"在全国范围内拥有了广泛粉丝和客户群体，这启示创业者要善用线上平台，进行品牌推广、客户关系管理及服务预约等，来扩大品牌影响力和市场份额。

风险提示：

△应密切关注市场反馈，灵活调整战略，逐步引导消费者理解和接纳新型清洁服务；

△建立健全内部管理体系，确保服务流程标准化，同时加强对员工的技能培训和考核；

△制定合理的人力资源政策，确保人才留存，同时谨慎规划培训投入，确保投资回报。

067. 手工产品：开店制作手工艺品，一年获20万元纯利润

手工产品如竹编篮子、木质厨具、竹质杯具、芦苇编织的扫帚及拖把、手工木瓢盆等，都富含创意和个性，并具有其独特的实用性与美学价值，深受消费者的青睐。运作家庭手工艺品业务正逢其时，运营者无须亲

自生产，只需通过发掘本地资源，与经验丰富的老匠人合作，让他们只专注于产品的精工细作，而经营者则可以集中精力拓展市场渠道，如在乡镇设立实体展示点，利用公路沿线的广告牌进行宣传推广，建立地区代理销售体系，将这些富有乡村特色的手工艺品引入城市市场。这个项目的关键在于，要确保手工艺品的质量卓越，这样才能不愁没有稳定的客户群和良好的销售业绩。

经典案例：

在2021年，位于某山区农村的一位农民创业者徐立明敏锐地捕捉到了市场上对手工艺品日益增长的需求，以及当地丰富的陶土、竹林和刺绣技艺等资源。他果断筹集了5万元启动资金，其中2万元投入到购置生产设备、租赁并装修店面，另外3万元则用来购买原料和开展线上线下相结合的品牌宣传活动。

徐立明的手工艺品店主打陶器、精致竹编、细腻刺绣和传统剪纸等产品，依据工艺复杂程度、材质优劣和市场接受度灵活定价。开业初期，尽管每个月固定运营成本达到了1.5万元（包括员工薪酬、租金、日常开支等），再加上每年约2万元的培训学习与市场开拓出差费用，看起来支出很大，但依托独特的产品定位与高效的网络营销策略，小店在第一年就实现了约60万元的营业收入。

经初步核算，扣除所有投资和运营成本后，徐立明在创业第一年就获得了约20万元的纯利润。随着品牌口碑的积累和销售渠道的拓宽，预期接下来几年，随着销售额的稳健攀升，纯利润将会呈现逐年递增的良好态势，而这进一步验证了他在手工艺品领域的创业抉择及其商业模式的成功。

创业实战：

精准的市场定位：徐立明对市场进行了深入的分析，了解了当地手工艺品市场的需求和竞争对手情况，最后成功地找到了自己的目标客户和市场份额。创业者应在前期做好充分的市场调研和分析，找准自身产品在市场中的独特位置至关重要。

优质的产品和服务：徐立明注重手工艺品的质量和独特性，积极发掘和传承当地的手工艺品制作技艺，并提供优质的售后服务，从而赢得了客户的信任和好评。创业者只有坚持高品质标准，重视产品背后的技艺传承和客户服务，才能在市场上树立良好口碑，培养忠实客户群。

创新的营销策略：徐立明运用抖音等短视频平台，通过分享手工艺品制作过程和产品展示，有效吸引了大量关注和粉丝。此外，他还积极融入当地旅游和文化活动，借助合作推广提升品牌知名度。创业者必须拥抱新兴媒体，创新营销手段，并善于整合地域资源，以多元形式展示和传播品牌形象。

持续改进和创新：徐立明始终保持对市场变化的高度敏感，密切关注客户需求并及时调整产品和服务策略。同时，他持续推动产品创新，以适应市场需求的变化。创业者在创业过程中必须具备敏捷反应能力和持续创新能力，始终跟随甚至引领市场需求，才能在激烈的市场竞争中保持持久的生命力和竞争力。

风险提示：

△确保原材料供应稳定，防止因供应短缺影响生产和销售；

△警惕同类产品市场饱和导致的竞争加剧，坚持产品差异化，不断创新以保持领先地位；

△关注数字化和智能化技术的应用，避免在电子商务、物流配送等方面的落后影响整体运营效率和客户体验。

068. 加工木质马扎：加工木质马扎，实现年纯利润16.8万元

木质马扎是人们生活中必不可少的物件，尤其在农村地区，其需求

量巨大。加工木质马扎并不像外行人想象得那样复杂，实际上只需使用一些简易的木材加工机器，并且它的操作也是简单易学的。加工木质马扎是一个小投入、大回报的创业机遇。尽管不是高利润行业，但对于普通人来说，创业门槛低，操作简单。无论是"夫妻式"的小型作坊还是独自经营，只要肯付出努力，就可获得可观的收入。

经典案例：

跟随老一辈人做木工活很多年的田乐，最近他突然发现本地的传统木质马扎制造工艺精湛且市场需求广泛，于是在2021年开始了一项自产自销的创业项目。初期，他精心设计并制作了一批木质马扎，平均单个利润在8元左右，而特别定制、工艺繁复的款式利润可增至15元左右。

田乐深知销售渠道多元化的重要性，他先是与几个当地集市的小商贩建立了合作关系，平均每天能通过线下渠道销售出20～50个马扎。考虑到集市销售波动较大，以平均每天销售35个基础款马扎计算，线下日均利润约为280元。此外，他与几家中小型家具店达成了供货协议，每日供应约20个马扎，这部分的利润贡献约为160元。同时，他也开辟了线上市场，在淘宝开店并通过合作伙伴提供电商运营支持，初期阶段，线上日均销量设为10个，鉴于线上用户对品质和设计的要求更高，假设平均每个马扎线上销售利润为12元，则线上日利润为120元。

田乐通过多元化销售渠道，他每日总利润大约为560元，一年除去节假日和其他特殊情况，若按照正常营业300天计算，其年纯利润约为16.8万元。随着品牌知名度和市场份额的逐步提升，预计未来两年内，他的木质马扎业务将进一步拓展，纯利润有望持续增长。

创业实战：

精准定位与市场调研：如同田乐所做的那样，初创业者首先要对目标市场进行深入了解，明确木质马扎的需求特征、消费者偏好以及竞品分析。定位清晰的产品风格和档次，既可以是物美价廉的基础款，也可以是工艺精湛、附加值高的特色款，以满足不同层次的消费需求。

第11章 技能创业：技能型创业者的独特视角与自主创业之路

工艺传承与品质把控：坚守产品质量底线，绝不因追求短期利润而牺牲品质。学习和传承传统木质马扎制作工艺，采用优质木材和精细做工，确保每一件产品的耐用性和舒适度。同时，要建立严格的质量检测体系，确保出厂的每一个马扎都达到高标准。

多元化销售渠道建设：借鉴田乐的经验，通过线下集市、家具市场批发、零售商合作等多种线下渠道分销产品。同时，积极布局线上市场，开设网店并与电商团队合作，利用社交媒体、直播带货等形式进行宣传推广，拓宽销售渠道，提高市场覆盖率。

持续创新与升级服务：紧跟市场变化，定期推出新款木质马扎，满足消费者多样化需求。提供优质售后服务，增强消费者满意度和品牌忠诚度，进而带动口碑传播和复购率。

风险提示：

△坚决抵制偷工减料、降低产品质量的行为，因为此类做法将带来严重后果；

△需要建立可靠的供应商关系，保障原材料供应链的稳定性。

第12章

本地生活：
深入挖掘本地生活服务
潜力的创业实战案例

069. 鲜花店：在小县城开文艺花店，日赚2万元

鲜花店作为一种常见创业项目，具有浓厚的生活气息与情感纽带作用，它不仅能提供各种花卉产品，还常常承载着传递情感、美化环境、庆祝节日等多种功能。经营一家成功的鲜花店，需要深入了解市场需求，把握行业趋势，不断提升服务水平和创新能力，同时还要处理好供应链管理、成本控制、品牌建设等多个环节，实现经济效益与社会效益的双重提升。

经典案例：

赖娅宁是一个小县城里的公司职员，人脉也很广。2022年，她决定从体制内的工作离职，并决定用多年攒下的20万元存款，开设文艺花店。她先奔赴云南，耗费3万元系统学习了插花艺术。学成归来后，赖娅宁在当地朋友的协助下，租下了一间月租2000元的100平方米的店面，又投入12万元用于店面装修和购置花架、保鲜柜、花瓶等必要设施。

起初，赖娅宁依照自己的文艺审美进货，但逐渐发现小众花材虽美，但损耗高且不易销售。于是，她根据当地市场需求，迅速调整了经营策略，主打喜庆的大红色玫瑰和金色包装，这既适用于婚庆场合，又能满足开业庆典需求。经过一番努力，花店在2023年的"情人节"迎来了突破，单日毛利润达到了2万元。随后的"妇女节"和"母亲节"，单日毛利润也在1万元左右。春节期间，花店更是创下了接近7万元的高额利润。

然而，在事业蒸蒸日上的同时，赖娅宁遭遇了知识产权保护方面的教训。邻近的另一家花店不仅采用了与她相似的店名，还模仿了她的装修风格，甚至抢先注册了她打算使用的商标。这次经历让赖娅宁深刻认识到商

标注册的重要性：在专注经营的同时，一定要重视品牌的保护。

创业实战：

人脉搭建与品牌推广：赖娅宁的案例说明，在像县城这样的小市场创业，熟人圈子的作用不可忽视。初期可通过朋友圈、亲友圈等社交网络，举办小型花艺活动、赠送试用样品等方式，快速传播店铺信息，树立起良好的口碑。同时，参加当地社区、商圈活动，积极寻求合作机会，拓宽业务渠道。

市场调查与顾客导向：在开店前务必进行详尽的市场调研，了解目标客户群的消费习惯、审美偏好和购买能力。赖娅宁起初偏爱文艺风格，但在实践中发现本地顾客更倾向于大众化的喜庆风格。因此，创业者需根据实际市场需求调整产品和服务，做到"投其所好"，切忌盲目追求自我表达而忽视顾客需求。

合规经营与品牌保护：合法合规是创业的基础，办理营业执照、食品流通许可证（如涉及花卉食用）、税务登记等相关证件必不可少。同时，为了避免辛苦创立的品牌被他人抢注，创业者应在早期便着手注册商标，确立品牌权益。可以寻找专业的知识产权服务机构代办，确保商标顺利注册，为日后品牌发展保驾护航。

风险提示：

△鲜花具有易损、保质期短的特点，确保稳定的鲜花供应源和有效的保鲜措施至关重要；

△依法依规办理各项手续，保护自身合法权益极为重要。

070. 鲜奶吧：投资创办新型乳品休闲吧，首年实现30万元纯利润

鲜奶吧是我国奶业产销的一种新的业态模式，主要形态为通过对生乳的即时收购，即时加工、制作，并向消费者提供新鲜、营养、安全乳品的温馨休闲的场所。作为一个新型健康产业，鲜奶吧是未来奶业的发展方向，因此吸引了大量投资者蜂拥而至。一般来说，鲜奶吧这个项目，以社区店为主，大多数都开在小区门口，周边有学校，有商业是最好的。如果选择加盟，投资在15万~25万元。如果是自己学技术开店，较少的投资就可以开起来。下面这个例子，将为创业者提供有益的启示。

经典案例：

李俊成，一位曾在市场营销、餐饮服务及零售行业积累了丰富经验的创业者，凭借其深厚的商业运营功底和敏锐的市场洞察力，于2022年初果断捕捉到国内消费升级以及大众对健康生活方式日益增强的需求，尤其是乳制品消费市场的快速增长。因此，他决定结合当前市场流行趋势，投资20万元创办了一家名为"奶悦时光"的创新型乳品休闲吧。

这笔投资涵盖了门店租金、精致田园风格的装修费用、首批高品质乳制品采购款项以及必备的冷藏设备购置成本等。该休闲吧主打各类新鲜牛奶、酸奶、奶酪、特色乳饮，并配以口感上乘的面包、甜点等轻食，旨在为顾客提供一个集健康与休闲于一体的消费环境。

开业之后，"奶悦时光"凭借其独特的经营理念和健康美味的产品，很快就在当地年轻族群及亲子家庭中树立了良好口碑。它的平均客单价在30元左右，平日每日接待顾客约80人次，而在周末高峰期则接待顾客超过120人次。

第12章 本地生活：深入挖掘本地生活服务潜力的创业实战案例

经过一年的精心运营与优化，"奶悦时光"在有效控制人力成本、水电杂费、物料损耗等各项运营支出的基础上，月纯利润逐渐提升到了1.5万元左右。在开业首年度，李俊成就实现了约30万元的纯利润，不仅收回了初期全部投资，还实现了大幅度盈利，这充分展示了该项目强大的经济潜力和盈利能力。

创业实战：

精准定位与产品创新：效仿李俊成的"奶悦时光"，创业者首先要明确目标客户群体，是年轻白领、学生，还是亲子家庭，以健康、营养、新鲜的乳制品为核心产品，结合市场需求创新推出多样化的饮品和轻食搭配。同时，营造出轻松愉悦的休闲环境，设置风格独特的卡座，以区别于传统的乳品零售店。

供应链管理与品质把控：确保乳制品的新鲜与安全是经营鲜奶吧的关键。需与正规、信誉良好的乳品供应商建立长期合作关系，确保稳定的货源供应。同时，需严格执行食品安全法规，定期检查冷藏设备性能，保证产品品质和储存条件达标。

市场营销与品牌建设：要充分利用社交媒体、本地生活服务平台等多渠道进行品牌推广，开展线上线下相结合的营销活动，如会员积分、节日特惠、主题聚会等，吸引和留住顾客。同时，也要注重口碑传播，鼓励顾客自愿分享消费体验，以此扩大品牌影响力。

精细化运营与成本控制：合理安排门店运营时间，以覆盖高峰时段；定期统计分析销售数据，调整产品结构，淘汰滞销产品，增加热销品类。同时，要控制人工、水电、物料等各项成本，以提高经营效率，确保盈利空间。

风险提示：

△建立健全供应链管理应急预案，以应对可能出现的供应链突发事件；
△需持续关注市场动态，适时调整产品和服务，以适应市场需求变化。

071. 维修店：在社区附近开家电维修店，当年纯利润超过20万元

维修店属拾遗补阙一类，一般人是看不上眼的，但它实际上却很有市场空间。维修店的门市可以不大，但经营项目要全，如修笔、修伞、修拉链，补鞋、补袜、补衣服等。学生运动较多，动作幅度较大，难免损坏衣鞋。他们大多拙手拙脚，自然不会自己修补。这些物品储量又有限，缺了哪件都不行，损坏后往往急着要修补。维修店的最大特色是本小利大，因为不需频繁进货，所以最适合残疾人或年老者经营。

经典案例：

张广才是一位有着丰富家电维修经验的中年人，他于2021年在社区附近开设了一家名为"便民快修"的家电维修店。他充分利用自己长达20年的专业技能和人脉资源，以及对家电市场深入的理解，开始了二次创业。

张广才通过实地考察和市场调研，找准了社区居民对便捷、高效、实惠家电维修服务的巨大需求。他采取线上线下同步运营的模式，线上开通微信公众号、小程序接受预约报修，线下实体店则提供"面对面"咨询服务和上门维修服务。他注重服务质量，严选正品配件，承诺所有维修服务均有保修期，通过口碑传播迅速积累了一批稳定的客户群体。同时，他还拓宽了业务范围，增加了二手家电回收与销售，进一步提高了店铺的盈利能力。

经过一年的用心经营，张广才的"便民快修"年营业额达到了60万元，剔除房租、物料成本、人工费用等运营成本，保守估计，他当年的纯利润超过了20万元。这个案例展示了中年创业者凭借扎实的技术背景、精准的市场定位以及灵活的经营模式，在家电维修行业如何取得显著的经济效益。

创业实战：

定位清晰，聚焦细分市场：正如张广才所做，首先需要对目标市场进行深入研究，找准痛点，如社区居民对家电维修的便利性、时效性和性价比的需求。明确服务对象和经营范围，专注于某一细分市场，如家用电器维修保养，以专业和专注赢得客户信任。

线上线下融合，拓宽获客渠道：构建线上预约平台，如微信公众号、小程序等，方便客户随时提交维修需求，并实时查看维修进度。同时保留线下实体店，提供直观咨询和现场服务，这两者结合能有效扩大服务覆盖面，增强用户黏性。

优化服务流程，提升客户体验：选用正品配件，承诺服务保修期，确保维修质量。推行标准化服务流程，提高工作效率，缩短维修周期。此外，还要考虑提供增值服务，如二手家电回收、置换等，以增强盈利点。

积累口碑，重视品牌建设：以优质的服务质量和诚信经营，逐步积累口碑，形成良好的品牌效应。可以参与社区活动，加强与居民的互动交流，提高品牌在社区的知名度和影响力。

风险提示：

△ 预先筛选和储备多家优质配件供应商，以防供应链断裂造成的业务停滞；

△ 不断学习新技术，更新维修设备，以应对新型家电的维修需求，避免技术落后被淘汰。

072. 家政公司：以免费方式占领市场，半年盈利150万元

很多家政公司最头疼的问题就是客户数量，不知道如何获取大量的客户，总是盲目地寻找方法。其实，比较有效的招式还是免费服务，但免费如何赚钱？通过下面这个案例，家政公司经营者可以学到高手是如何通过

免费的模式去获取用户的方法。

经典案例：

程建涛掌舵的一家家政服务公司在市场竞争中面临困境，传统的推广方式效果不尽如人意。为此，程建涛独辟蹊径，于2021年下半年初启动了一场创新营销活动。他与全市多个高端小区的物业公司达成深度合作，推出了"免费清洗空调"服务项目。

程建涛的策略是，小区业主可向物业申请免费清洗空调服务，物业统一登记后，程建涛安排专业团队上门服务。作为交换，程建涛每完成一单免费服务，则支付物业50元作为宣传费用。物业则在小区公告栏及电梯间等醒目位置大力宣传此活动。

短短半年内，这项活动反响强烈，吸引了大量业主参与。凭借高质量的空调清洗服务和专业的业务推广，程建涛的家政服务公司成功推广了其空调加氟、家电深度清洗保养以及VIP会员卡等一系列增值服务。据统计，平均每位享受免费服务的业主后续至少购买了一项增值服务，平均每户带来额外收益约800元。

截至2022年初，程建涛的家政服务公司已通过此活动新增长期稳定客户3000余户，累计实现增值服务销售额约240万元，扣除免费清洗成本及物业分成，实际盈利约150万元。此举不仅使程建涛的企业在家政服务行业中跃升至前三甲，更为重要的是，他建立了品牌口碑，赢得了客户的深度信任与忠诚度。

创业实战：

定位独特服务模式：借鉴程建涛的成功经验，创业者在创办家政公司时应找准市场痛点，设计独特的服务模式。例如，初期可以考虑与社区物业或其他合作伙伴联手，推出吸引眼球的免费或低成本试用服务，如程建涛的"免费清洗空调"活动，以此打开市场知名度，积累首批用户。

构建信任桥梁：通过与第三方权威机构（如物业）的合作，提升新创家政公司在潜在客户心中的信任度。利用优质服务赢得口碑，再趁机推广其他高附加值的服务项目，形成连带消费，逐步建立稳定的客户群体。

拓展增值服务链：在家政服务基础上，不断创新和拓宽服务范围，如空调维修、家电保养、家庭保洁套餐、VIP会员服务等。以核心免费或低价服务为入口，引导客户选择更多的付费增值服务，从而提高客单价和客户生命周期价值。

风险提示：

△计算每个用户的获客与服务成本，确保后期增值服务销售能覆盖前期投入并盈利；

△在快速扩张的同时，务必严格把控服务质量，打造良好口碑；

△依赖第三方合作（如物业）来获取客户资源，需要确保合作关系的稳定性。

073. 旧衣改制店：开设旧衣创意改制店，一年实现纯利润45万元

旧衣改制门店项目超越了传统服饰修改服务的局限，不再仅限于尺寸调整（如大改小、肥改瘦）和简单的修补工作，而更专注于为顾客提供创新的衣物改制设计方案，以及一系列配套的装饰辅料，如精美丝带、手工串珠、高品质拉链等元素。这一项目的店铺规模往往小巧精致，相较于大型店面，投资成本较低，但这个项目特别强调店主的艺术设计才华与手工技艺，这对经营成功至关重要，这个要求意味着店主不仅需具备扎实的传统裁缝技能，还需富有创新思维和独特的审美视角，以便不断满足消费者对于个性化定制和环保再生的需求。

经典案例：

邱梓康现年42岁，曾在时尚服装设计、市场营销等领域有过从业经历。2021年，她在北京开设了一家名为"绿色风尚·旧衣新生"的创意

155

改制店。她突破了传统服装修改的框架，将店铺定位为融合设计美学与环保理念的独特空间。除了基本的改衣服务，邱梓康更专注于将废旧衣物改造成全新的时尚单品，同时也可将旧衣改制为各类创意家居饰品和布艺玩具。

开业之初，邱梓康便引入了一批设计师资源，共同为客户提供个性化的改制设计方案。此外，店内还设立了改制辅料区，售卖各种丝带、串珠、拉链等材料，进一步丰富了服务内容。店铺面积虽不足50平方米，但凭借精湛的手工技艺与前卫的设计感，在短短一年内就积累了良好的口碑。邱梓康精心运营社交媒体账号，通过分享各类改制案例和教程，吸引了大批年轻粉丝，使得线上订单络绎不绝。

据统计，自2021年6月至2022年5月，店铺共计完成改制服务1500件，平均客单价约为300元，其中还包括不少高价的创意设计改制服务。与此同时，辅料区销售额也达到了每月约1万元。扣除各项成本后，邱梓康的旧衣改制店首年度纯利润约为45万元，实现了社会效益与经济效益的双丰收。这不仅验证了她的商业眼光，也印证了旧衣改制行业巨大的市场潜力和发展前景。

创业实战：

创新服务与定位精准：模仿邱梓康的成功路径，首先应明确旧衣改制店的创新定位，打破传统改衣模式，主打创意设计和环保概念，为顾客提供个性化定制服务。同时，增设改制所需的各种辅料产品销售，增加营收渠道。

整合线上线下资源：利用社交媒体平台推广店铺及其作品，分享改制过程和成果，吸引线上流量，并鼓励线上预约下单。同时，线下实体店提供优质的"面对面"服务，增强客户体验和信赖度。

培养和引进人才：着重挖掘和培养拥有出色设计能力和手工技艺的团队，这是店铺的核心竞争力。同时，也可以考虑与独立设计师合作，丰富店铺的产品线和服务种类。

风险提示：

△ 旧衣改制门店需密切关注市场动态，灵活调整服务和产品结构；

△ 要提前做好供应商筛选和储备工作，确保供应链畅通无阻，同时注意成本控制。

074. 城市社区小厨房：在住宅小区内开设小厨房，实现纯利润30万元

目前，城市社区小厨房以其贴近居民生活的地理位置优势和温馨舒适的用餐环境逐渐崭露头角。它通常位于居民楼附近，这大大节省了食客们外出就餐的时间成本，让人们能在忙碌之余享受到犹如家一般便利快捷的餐饮服务。城市社区小厨房不仅注重提供高效的餐饮服务，更致力于烹饪出健康美味、营养均衡的餐品。未来，随着社区经济的发展与消费升级，城市社区小厨房必将以其独特的魅力和贴心的服务，持续提升行业地位，而其中的创业机会更值得关注。

经典案例：

杭州市45岁的王阿姨于2020年在市中心的一个住宅小区内开设了一家名为"家味道·社区小厨房"的餐饮店。她利用自家闲置的一间约50平方米的房子并将其改造，省去了门面房租金的成本。初始投入包括购置厨房设备、餐具和必要的营业执照办理，总计花费约2.5万元。

开业初期，王阿姨专注于为小区内的居民提供定制化家常菜品服务，如节假日家庭聚餐的全套家宴预订、上班族晚餐配送以及周末亲子厨艺教学课程等。她采取了顾客自带食材或代购食材的模式，加工费按照食材重量和加工复杂程度合理计价。

凭借亲切的服务和地道的家庭菜肴口味，王阿姨的小厨房很快就在社区内积累了良好的口碑。在第一年内，平均每月接单量稳定在200单左

右，平均每单加工费收入为50元，月均营业收入达到了1.5万元。除去食材成本（假设平均食材成本占收入的40%），以及水电、调料损耗等杂费每月1000元，王阿姨每月纯利润大约为7000元。

到了第二年，随着口碑传播和社区活动的增多，王阿姨进一步拓展了服务范围，增加了私厨上门服务和特色烹饪课程，月均订单量增长到400单，月纯利润提升至1.2万元左右。这样，在两年的经营后，王阿姨的社区小厨房实现了约30万元的纯利润，这证实了社区小厨房商业模式的可行性与经济效益。

创业实战：

精准定位与个性化服务：参照王阿姨的社区小厨房案例，首先要深入了解目标社区居民的生活习惯和餐饮需求，制定符合社区特色的菜单和服务，如提供家常菜定制、上门烹饪服务和厨艺教学等。并通过收集居民反馈持续优化服务内容，增强社区居民的归属感和满意度。

灵活经营模式：初期可以选择利用自有房源降低租赁成本，或寻找租金适宜的社区商铺，控制成本支出。同时，实行顾客自备食材或协助代购的模式，既能降低成本又能确保食材的新鲜和顾客对食材来源的信任。

强化社区互动与营销推广：创业者应积极参与社区活动，利用微信群、小程序等工具搭建社区订餐平台，以方便居民预订服务；开展美食主题活动，如烹饪大赛、亲子烘焙课等，提高社区小厨房的知名度和影响力。

风险提示：

△无论食材由谁提供，都要严把食品安全关，确保操作合规，杜绝任何食品安全隐患；

△经营过程中要敏锐捕捉市场动向，灵活调整菜单和服务内容，以保持竞争力；

△要充分了解并严格遵守相关政策，避免因违规经营导致的经济损失和停业整顿。

075. 宠物店：多元化的宠物服务，实现年纯利润超百万元

宠物店在市场上比较常见，生意也普遍不错，有一定的投资能力的话，选择开一家宠物店是非常不错的选择。宠物店可以选择开在小区附近，这样能专门为小区内宠物服务，是很不错的创业方向。而宠物服务则需要很好的创意，如宠物的粪便清理服务、宠物摄影、服装与配饰、照顾、日托服务、服从性训练等，创业者只有不断地去思考去体验，才能有成功的机会，否则会导致失败。下面的案例，就反映出了宠物项目需要具有创新思维以及敢于去闯，才能获得成功。

经典案例：

乐奇女士特别喜欢宠物，也对宠物行业有着深刻理解，同时具备很强的商业嗅觉，2022年，她在广州创立了一家名为"萌宠星球"的多元化宠物服务机构，充分利用丰富的宠物服务创意，成功打开了市场。

乐奇女士推出了精细化的宠物狗日托服务，每天收费100元，一个月下来平均托管15只狗狗，月收入可达4.5万元。此外，乐奇还独具匠心地开展了宠物狗服从性训练课程，每期培训收费3000元，每月举办两期，共接待20只宠物犬，此项业务月收入为6万元。考虑到都市人群对宠物生活质量的关注，乐奇开设了宠物狗摄影工作室，提供定制摄影套餐，定价为500元起，每月平均拍摄20次，此项业务可带来1万元的收入。同时，她还推出了宠物用品电商板块，主营狗的服装与配饰，每月销售额约为3万元。另外，乐奇洞察到部分养鱼爱好者受限于居住条件，无法养护大型鱼缸，于是推出了热带鱼养殖及鱼缸出租服务。每套高级鱼缸月租金为800元，出租数量稳定在15套，每月收入为1.2万元。同时，她还附带

出售热带观赏鱼及相关商品，每月销售收入约为 2 万元。

乐奇通过多元化的宠物服务，在 2022 年实现月总收入约 16.7 万元，扣除各项成本后，预计年纯利润超过百万，充分体现了创业者通过不断思考和实践创新，如何在宠物服务市场创造出可观的经济效益。

创业实战：

细分市场与差异化服务：参考乐奇的成功案例，创业者应该瞄准宠物市场的细分领域，提供多样且具有差异化的服务。例如，设立宠物日托中心、宠物摄影工作室、宠物美容及服装配饰销售、专业训练课程，甚至是新兴的鱼缸出租与热带鱼养殖服务等。通过这种方式抓住特定客户需求，创造竞争优势。

资源整合与创新营销：利用线上线下相结合的方式，整合各类宠物服务资源，如开设网店销售宠物周边产品、通过社交媒体进行宠物故事与服务案例的分享，提高品牌知名度和影响力。同时，积极开展异业联盟，如与宠物医院、宠物食品生产商等建立合作关系，共享客户资源。

质量至上与客户关系维护：要确保所有提供的服务都以高质量为核心，如聘请专业的驯犬师、摄影师，选用安全优质的宠物用品等。同时，也要建立完善的客户关系管理系统，定期回访客户，收集反馈，不断提升服务质量，进而转化为客户的忠诚度和口碑传播。

风险提示：

△必须符合国家和地方的相关法律法规，否则将导致罚款或停业；
△要高度重视服务人员的专业技能培训和宠物的安全保障措施。

076. 老人用品店：经营中老年用品店，年销售额逼近1000万元

老年人不仅拥有可观的财富，还拥有丰富的消费需求。因此，针对老

年人的创业机会越来越多，正因如此老年用品店就具有广阔的市场前景。下面这个"孝心坊"中老年用品店的案例，就真正实现了中老年一站式购物及综合性服务，这不仅是商业模式的创新，更是对中老年人生活品质提升的贡献，同时也为众多创业者提供了可以学习借鉴的范例。

经典案例：

"孝心坊"中老年用品店是惠琴经营的一家老人用品店。近年来，惠琴将中老年需求划分为生活需求、健康需求和精神需求三类，并据此拓展了"孝心坊"的服务内容，在行业内取得了显著的经济效益和社会效益。

通过聚焦中老年人群的生活场景，"孝心坊"在门店选址、产品采购、店铺设计和服务流程上做出了针对性的优化。门店多设在中老年人集中的老小区附近，紧邻医院、菜市场等高频出行场所，交通便利，便于中老年人前往。店内商品涵盖理疗、健康、护理、保健、鞋服等多品类，并优选知名品牌，通过"产品假1赔10、买贵补差价"的承诺，消除老年顾客的价格顾虑。在店面形象和用户体验方面，"孝心坊"强调人性化设计，如大字号价格标签、温馨的宣传标语和舒适的休息区，旨在让中老年顾客宾至如归。销售人员遵循一套标准化的服务流程，优先关心和陪伴顾客，而非急于推销产品。

得益于此，"孝心坊"在中老年市场获得了高度认可和忠诚度，年销售额已逼近1000万元。通过继续深化情景式陈列、提升产品专业化和系列化程度、优化门店环境等举措，"孝心坊"正朝着更高的销售目标迈进，并继续坚持以用户需求为导向，持续深耕中老年市场。

创业实战：

深入研究目标市场：如同惠琴一样，首先需要深入洞察和理解老年用户的需求，将其细分为生活需求、健康需求和精神需求三大类。通过调查研究，把握老年人的真实诉求，以此为基础选取合适的产品线和服务内容，如高品质的保健用品、便利的生活辅助设施以及满足精神文化需求的旅游、培训等服务。

定位清晰，优化店铺运营：在选址上，选择老年人群密集的生活区域，要靠近医院、公园、菜市场等老年人常去地点。店面设计应充分考虑老年人的实际需求，如宽敞的通道、易读的大字体标识、舒适的休息区等。在商品采购上，需侧重品牌和质量，并设置透明公正的价格策略，打消老年消费者的疑虑。

服务升级，建立信任与依赖：推行标准化的服务流程，尊重并关心每一位老年顾客，避免过度推销，要以真诚的关怀和耐心的交流建立信任关系。例如，可以设置专门的茶饮休闲区，让顾客在选购商品之余也能感受到温馨的环境和服务。

风险提示：

△创业者要在进货渠道和商品质量把控上下足功夫；

△要熟知并严格遵守相关法律法规，防止因违规经营带来的处罚或法律诉讼；

△提供养老服务也可能涉及隐私保护、安全保障等方面的法律责任，需做好合规准备。

077. 跑腿服务：创建配送平台，一年获得30万元纯利润

随着社会的快速发展和科技的不断进步，人们的生活节奏越来越快，对时间的需求也越来越高。在这样的背景下，跑腿生意应运而生，成为现代社会的一种新型服务行业。跑腿服务的关键是要围绕本地市场抓住发展机会。机会人人都能遇到，但想真正实现成功的创业，需要具备什么？通过下面这个配送创业的案例，你应该能找到答案。

经典案例：

郝睿刚在2018年敏锐地发现了梅州本地市场中跑腿配送服务的痛

点——配送效率低下，严重影响商家和用户体验。因此，他意识到这是一个巨大的市场空白，于是便携手几位志同道合的合伙人，决定创建一个本地化的配送服务平台。

在筹备阶段，他们选择了功能强大的"哪都达"系统，该系统能够无缝对接主流外卖平台，实现智能化派单，并对商家与骑手的操作进行全面监控，能有力保障平台的正常运行。随后，郝睿刚团队完成了办公场地租赁、营业执照办理及骑手招募等各项工作，顺利建立起专属梅州的便民服务平台。

经过一段时间的运营，郝睿刚的配送平台在当地迅速崛起，因为解决了市场痛点，提升了配送效率，深受商家和用户的欢迎。从市场反馈和业务拓展情况来看，郝睿刚的创业项目在配送服务领域取得了初步成功，一年便获得了30万元的纯利润。

着眼于长远发展，郝睿刚计划进一步深化与"哪都达"的合作，推动平台升级转型，将其拓展至同城生活服务全领域，通过区域代理等营销手段，整合资源，打造一个全方位、多元化的同城生活服务平台，这将带来更大的经济效益和社会价值。

创业实战：

识别市场痛点与机遇：郝睿刚创业成功的关键在于准确识别并抓住了梅州本地市场在跑腿配送服务上的需求痛点，即配送效率低、用户体验差的问题。创业者在进入这个行业时，应首先调研所在地区的市场现状，找出尚未被满足的需求，然后有针对性地提供解决方案。

选择合适的技术平台：郝睿刚选择了能够对接主流外卖平台、实现系统化派单和全面监管的"哪都达"系统，有效地提高了工作效率和服务质量。这意味着在创业初期，选择成熟可靠的技术支撑是非常重要的，这可以帮助创业者快速搭建服务体系，减少不必要的技术难题。

资源整合与商业模式创新：郝睿刚不局限于基础的配送服务，还计划将业务拓展至同城生活服务全领域，并通过区域代理等模式整合资源，构建全方位的同城生活服务平台。创业者应当积极探索商业模式的创新，不断拓展业务边界，实现资源的有效整合和价值输出。

风险提示：

△必须找准自身定位，提供具有竞争力的服务和差异化优势；

△建立完善的服务质量监管体系和售后服务机制至关重要；

△合理规划人力资源，确保在不同业务领域的服务能力能够匹配市场需求。

078. 自助取餐柜：自助取餐柜免费送＋新盈利点，老板获利600万元

自助取餐柜是一种应用于本地生活服务领域的智能硬件设施，主要用于餐饮行业，通过集成物联网技术和移动互联网技术，为用户提供便捷、快速的取餐服务。用户在线上平台下单后，商家会将制作好的餐品放入指定的取餐柜中，用户凭收到的验证码或二维码，在约定的时间到达取餐柜处自行提取餐品，全程无须人工介入，这大大减少了排队等候时间，提升了餐饮服务效率和用户体验。随着本地生活服务数字化进程的加速，自助取餐柜作为一种新型基础设施，其应用场景正在不断扩大，逐渐渗透到校园、写字楼、社区等各种场合。

经典案例：

岳力经营着一家自助取餐柜公司，该公司在2022年推出了创新的智能餐饮解决方案，通过在各大餐厅安装自助取餐柜，改善了餐厅服务效率和用户体验。按照岳力的策划，公司并未选择直接售卖取餐柜给餐厅，而是采取了免费赠送策略。餐厅接受这样的免费设备后，不仅节约了人力成本，提高了高峰期接单量，还通过优化服务吸引了更多客户。据保守估计，每家餐厅每年可因此节省至少数万元工资开支。

尽管硬件设备是免费提供的，但公司却通过另一种商业模式实现了盈

利。首先，用户在使用取餐柜服务时必须通过其自主研发的点餐软件下单，这就为公司导入了大量用户流量，并将用户的支付款项暂存于公司平台，形成了类似于支付宝的现金流池。假设投放了 10 万套设备，每天有 200 万人次使用，平均消费金额为 20 元，公司每日就可汇聚高达 2 亿元的现金流。此外，庞大的用户基数也为公司创造了新的盈利点，如广告推广、数据分析、附加产品销售（如健康饮食推荐、食材搭配服务等），从而实现了流量变现。通过自助取餐柜免费送的方式和创造新的盈利点，公司一年赚了 1000 万元，岳力也获得了 600 万元的回报。这使得该公司得以快速抢占市场，为后续的商业化运作奠定了坚实的基础。

创业实战：

找准市场痛点与创新商业模式：岳力案例中，其公司通过观察到的餐厅高峰时段排队问题，创新设计了自助取餐柜，通过软、硬件结合，提供线上下单、线下自助取餐的服务，极大地提升了用户体验和餐厅运营效率。创业者在类似项目中，应深入研究市场需求，找到行业痛点，提出创新解决方案。

构建用户流量入口与现金流池：免费提供自助取餐柜给餐厅，吸引餐厅接纳的同时，也将用户导向自己的线上平台，构建了稳定的流量入口。同时，通过用户预先支付餐费，形成了一定周期内的现金流池。创业者要善于利用商业模式创新，将产品变为流量入口和现金流的载体。

拓展多元盈利渠道：在取得庞大用户流量和现金流优势后，岳力的公司进一步挖掘盈利点，如广告合作、大数据分析服务、增值服务等。创业者应学会利用既有资源优势，多元化拓展盈利渠道，从而实现持续盈利和业务增长。

风险提示：

△不断创新升级服务以应对市场竞争与替代技术挑战；

△强化财务管理，确保现金流稳定并优化成本结构；

△通过持续提升用户体验与深化合作伙伴关系稳固市场地位。

079. 蔬菜专车配送：创办蔬菜专车配送公司，实现纯利润100万元

伴随城市化进程加快，现今城市居民获取新鲜蔬菜的主要途径通常是菜市场和大型超市，而这些蔬菜往往源自远离城市的农村种植基地。对于零售商而言，自行长途采购耗时费力，成本高昂。因此，蔬菜专车配送服务应时代需求而兴起，专注衔接蔬菜产地与市场，化解双方在出货、进货环节的困扰，有助于优化城市蔬菜供应链结构。运作该项目无须丰富经验，其关键在于建立稳定的供需联系，只配备运输车辆与专业驾驶员就可启动。展望未来，若能成功接入家庭用户市场，这一看似微小的生意实则蕴含巨大发展空间，有望成长为颇具规模的事业。

经典案例：

万挥长期在蔬菜批发市场做业务，他看准了城市蔬菜供应链中的市场痛点，于2021年创办了一家名为"绿满城"的蔬菜专车配送公司。瞄准了城市中菜市场与大型超市的蔬菜供应难题，与周边农村及大型蔬菜种植基地直接合作，采用专车配送模式，为城市商户提供一站式蔬菜采购服务。

万挥在初创阶段投入约50万元，购买了2辆冷链运输车，组建了一支拥有5名经验丰富的司机团队，并开发了一款便捷的线上订购平台，供商家实时下单。通过精心运营，万挥成功降低了商家的采购成本，缩短了蔬菜从田间到餐桌的时间，提升了蔬菜的新鲜度。

经过一年的运营，"绿满城"蔬菜专车配送服务已覆盖本市80%的菜市场和多家大型超市，平均每天配送蔬菜总量超过30吨。按照每吨蔬菜配送收取200元服务费计算，万挥的公司每月可以从配送服务中获得18万元的收入。同时，他还通过平台积累的数据进行精准预测和调度，进一

步降低了运营成本，提高了利润率。

扣除每月的车辆折旧、油费、工资、平台维护等固定成本以及其他变动成本，万挥在2021年度实现了纯利润约100万元。这不仅证明了他的蔬菜专车配送模式具有很高的经济效益，也为未来的业务拓展和优化奠定了坚实的基础。

创业实战：

明确商业模式与定位：蔬菜专车配送创业者应借鉴万挥的经验，深入研究目标市场的蔬菜供应链现状，了解商户对新鲜、高效配送服务的需求以及现有服务的不足。同时，构建直达农户、绕过中间环节的直采直销模式，利用专车实现快速冷链配送，从而降低商户采购成本，提高产品新鲜度。创建类似"绿满城"的专业品牌，需强调安全、健康、快捷的服务特点，并树立良好的市场形象。

资源配置与搭建：借鉴万挥的案例，创业者需要购置符合标准的冷链运输车辆，确保蔬菜品质；建立订单处理系统和线上预订平台，提升服务效率。招聘并培训一支专业的物流配送团队，以及必要的后台技术支持和服务人员。积极与优质蔬菜种植基地建立长期合作关系，保障稳定的货源供应。

精细化运营管理：同样借鉴万挥的案例，精确计算各项运营成本，包括车辆维护、燃油消耗、人工薪酬、平台运维等，并通过规模效应和技术手段不断降低成本。开展有针对性的营销活动，扩大客户群体，在稳定既有商户的同时，吸引新客户的加入。运用大数据技术分析销售数据，预估市场需求，优化库存管理和配送路线，实现精细化运营。

风险提示：

△ 多样化合作基地，分散风险，同时建立应急预案以应对可能出现的供货短缺问题；

△ 密切关注国家对冷链物流、食品安全等相关领域的法律法规调整，以适应政策环境变化，确保蔬菜专车配送业务合法合规运行。

080. 社区团购店：社区团购典型代表邻邻壹，单月GMV达数千万元

相较于直接线上开店，社区团购能直接面对客户交流沟通，建立基础信任，并积累第一批精准客户，快速建立个人IP。同时，做社区团购投入小，而且能快速看到结果，这给大部分普通人创造了个体创业的机会。对消费者来说，组团可以享受到更便宜的价格。对"团长"来说，分享出去可以赚佣金。对品牌来说，一次开团，大量集中走货，用价格换出货量，不用额外的摊位费，参与的三方都受益，让这个商业结构非常稳健，越做越好。由此可见，社区团购这个生意很有发展前景。

经典案例：

连续创业者肖志龙曾经在2015年成功打造了"鲜果壹号"水果新零售品牌，2018年3月，肖志龙推出社区电商平台邻邻壹。该平台锁定快消品市场，主打水果、农产品、坚果及家居生活必需品，因其商品高频消费特性及庞大市场需求，迅速在华东地区扩张，短时间内已进驻15座城市，覆盖了数千个社区，展现出了强劲的增长势头，单月GMV（交易额）已攀升至数千万元，且保持着每月超过50%的高速增长。

邻邻壹以社区为基点，创新性地采用"团长"模式运营，发掘并培育有能力凝聚社区居民的领袖人物担任"团长"，通过建立微信群推送商品信息，引导社区用户集体拼团购买。"团长"收集订单后，由平台统一配送至"团长"家中，再由"团长"完成社区内部的商品分发。平台全力提供坚实的供应链支持、物流仓储服务及完善的售后服务。

邻邻壹坚持"好货不贱卖"的理念，区别于单纯的价格战策略，首先在确保商品品质优良的同时，通过优化供应链效率，竭力实现了商品的最

高性价比，这一战略赢得了消费者的广泛认同和市场的强烈反响。

创业实战：

定位与选品策略：学习肖志龙创办邻邻壹的经验，首先需精准定位目标市场，选择高频消费且市场潜力大的商品，如日常生活所需的生鲜果蔬、农产品、家居用品等。强调商品品质，打造"好货不贵"的品牌形象，而非单纯依赖低价竞争。

社区团长制度：借鉴邻邻壹的社区运营模式，寻找或培养具有影响力的社区"团长"，通过团长搭建微信群，实现社区内部信息的高效传递和拼团购买。团长扮演连接消费者与平台的重要角色，负责信息收集和商品分发，能有效地降低获客成本。

供应链与物流优化：构建强大的供应链体系，确保商品质量与稳定供应。同时，依托社区团长，实现物流"最后一公里"的高效配送，降低物流成本。邻邻壹的成功在于通过规模化运营，提高了供应链效率，从而给顾客提供了极具性价比的商品。

风险提示：

△ 创业初期要慎重选择供应商，确保货源充足且品质可控，同时要预留应急方案；

△ 建立健全团长管理制度，要同时培养多位团长以防个体流失导致业务受损；

△ 时刻关注市场动态，不断创新服务和优化产品结构，保持竞争力，同时要防范"价格战"等恶性竞争行为，以免损害品牌形象和长期利益。

第13章

新实体店：
新实体店的业态升级
与创新盈利模式

081. 粗粮养生店：启动养生连锁超市项目，个人资产累计5000多万元

当前，餐桌风尚随着时代变迁正在不断演变，人们在追求美食口感的同时，越发注重食物的营养价值。一股新的餐桌潮流悄然兴起，即推崇食用富含真实醇厚品质的粗粮食品，这一潮流正逐渐步入时尚食品行列。因此，新开设的粗粮养生店应紧抓这一趋势，从绿色环保、保健养生角度出发，用心搜寻世界各地的粗粮佳品，将粗粮食品革新为广受大众热捧的时尚健康美食。

经典案例：

秦智明是一位来自长沙农村地区的70后创业者，凭借对健康市场的敏锐洞察，于2020年投资500万元创建了湖南清华凤凰生物科技有限公司，并随之启动了养生连锁超市项目——御膳缘。他以五谷食疗为切入点，结合国家级老中医王琦的体质理论，为顾客提供定制化的养生套餐，后又拓展至养生超市模式，整合全球养生产品，打造了一个全家庭养生消费平台。

在短短几年内，御膳缘五谷杂粮产品配方增至300余种，代理产品超过2000种，涵盖了红枣、固元膏、阿胶等众多养生系列。2020年，秦智明针对"上班族"市场开设了养生奶吧，推出无添加、健康的鲜果饮，成功吸引了白领和青少年群体。

截至2022年，御膳缘在全国范围内发展迅猛，加盟商和代理商接近1000家，秦智明的个人资产也增至5000多万元。他表示，将在五年内布局全国5000家连锁店，并致力于将御膳缘打造成养生超市标准化、规范化的行业标杆，同时计划进军资本市场。

创业实战：

市场调研与定位明确：秦智明在创业之初，敏锐捕捉到人们对健康养生日益增长的需求，尤其是对五谷杂粮等天然食疗产品的关注。创业者首先应深入研究市场，了解消费者对养生产品的需求特点，找准市场定位，如以粗粮养生为主打，为顾客提供科学、个性化的食疗方案。

产品创新与服务增值：借鉴秦智明的做法，创业者要不断研发和丰富产品线，从单一的五谷杂粮产品拓展到包括蜂蜜、阿胶等在内的多种养生食品，同时可引入国家级中医的体质理论，提供有针对性的养生套餐。此外，适时拓展业务模式，如开设养生奶吧，以满足不同消费群体的需求，提升服务附加值。

连锁加盟与品牌塑造：在秦智明的案例中，御膳缘通过连锁加盟迅速扩大市场规模，形成品牌效应。创业者需重视品牌的建设和推广，制定完善的加盟政策和运营支持体系，吸引投资者和创业者共同成长。同时，强化品牌形象，以打造标准化、规范化的养生超市典范，为长远发展奠定基础。

风险提示：

△严格把控产品质量，建立稳定可靠的供应链体系，预防供应链风险；

△必须熟悉并遵守相关法律法规，确保所有产品符合国家食品安全标准。

082. 轻食店：做健康轻食小店，实现净盈利150万元

轻食店是一种以提供健康、营养、低热量的食品为主的餐饮店。随着人们健康意识的增强，人们对于饮食的要求也越来越高，这也为轻食店的发展提供了广阔的市场空间。但如何踏出轻食店创业的第一步，很多人是迷茫的，毕竟了解一个行业不是通过只言片语就能心里有底的。为了让更

多朋友了解轻食创业过程，下面通过一个轻食店的案例帮助大家了解和掌握相关要点和注意事项。

经典案例：

殷煊炜是一名"90后"创业者，他在体验过国内外饮食差异后，于2021年创立了"悦尚轻食"健康饮食小店。殷煊炜倡导低糖、低脂、低盐、低热量的轻食理念，将每份餐品的营养成分详细标注，助力顾客科学规划饮食。殷煊炜亲自为减脂顾客定制餐品，根据个人需求合理分配脂肪、蛋白质和主食含量，确保顾客的饮食健康又美味。在殷煊炜的"悦尚轻食"餐盘上，翠绿菠菜、艳丽红叶生菜和紫色卷心菜层层叠放，顶部点缀着西兰花、樱桃、番茄和香煎鸡胸肉，再配上一颗精心制作的杂粮丸，一份热量仅为235千卡的精美沙拉便呈现眼前。

"悦尚轻食"厨房清新整洁，主打色香味俱全的轻食沙拉，凭借精致摆盘和天然健康属性吸引了众多顾客。通过顾客交流群，殷煊炜实施饮食监督，得到了顾客的良好反馈，许多人在短时间内看到了明显的减重效果。

得益于其健康饮食的观念和精致的杂粮制作工艺，越来越多的市民开始选择"悦尚轻食"，经济效益稳步提升。自开业以来，年营业额已突破500万元，实现净盈利约150万元，展现了一家轻食店在健康饮食行业中巨大的市场潜力和商业价值。

创业实战：

精准定位与特色服务：创业者要像殷煊炜那样，精准定位目标市场，关注现代人对健康饮食的追求，主打低糖、低脂、低盐、低热量的轻食产品。为顾客提供个性化定制服务，如根据顾客的身体状况和需求定制餐品，突出营养均衡和科学饮食理念，增强顾客黏性。

品质把控与创新研发：确保食材新鲜、无添加，注重菜品色彩搭配和摆盘艺术，提升视觉体验。持续研发新品，丰富产品线，以满足不同顾客的口味需求。同时，要提供详细的营养成分表，让顾客直观了解餐品的营养价值。

社群运营与口碑传播：建立顾客交流社群，通过顾客之间的互动分享，形成良好的饮食监督氛围，并提高顾客满意度和忠诚度。借助口碑营销，让更多人了解并接受健康轻食的概念，以促进品牌知名度和影响力的提升。

风险提示：

△ 建立稳定的供应商体系，确保食材来源安全可靠；

△ 不断创新，提升产品差异化和服务水平。

083. 精品零食店：开设精品零食专卖店，纯利润能达到30万元

在春节期间，不论是探亲访友时的家常交流，还是与朋友相聚时的共叙友谊，零食都是不可或缺的角色。尤其随着生活品质的日益提升，那些包装精致且口味独特的高端零食越发受到人们的喜爱。基于此，开设一家专门经营此类精品零食的店铺，通过采购一些市面上普通超市难以寻觅的独特风味零食，集纳上千种不同的品种，再配以湘式、川式、京式、东北式以及中国台湾式等多种地方口味，是有广阔发展前景的！

经典案例：

在 2023 年的春节期间，张强和李悦夫妇抓住商机，在繁华的都市新区阳光新城，开设了一家名为"悦食尚"的精品零食专卖店。他们精准洞察到消费升级趋势下人们对高品质零食的需求，特意精选了上千款在普通超市难以见到的特色风味零食，包括包装设计独特与口感丰富的各类产品。

这家店内不仅囊括了国际知名品牌的小众零食系列，还特别引入了诸如粤式、湘式、川式、京式、徽式、滇式、东北式、西北风味、江南特色

以及中国台湾的地域性美食。他们在店面布置上注重体验感,营造了温馨而时尚的购物环境,吸引了大量追求生活品质的消费者。

经过精心运营,"悦食尚"在短短一个月的春节旺季内,营业额就突破了百万元大关,纯利润达到了近 30 万元,远超预期收益。这一成功案例充分证明了,在当今市场环境下,深挖消费需求,创新经营特色零食店,具有巨大的经济效益潜力。

创业实战:

深度挖掘市场需求:张强和李悦夫妇的成功首先在于他们深入理解并满足了消费者对高品质、特色零食的需求。创业者在启动精品零食店项目前,需进行详尽的市场调研,了解目标消费群体的喜好和购买习惯,选定具有竞争优势的细分市场,如引进各地域特色、健康概念或创意包装的零食产品。

产品差异化定位:他们选择了普通超市缺乏的上千种风味零食,实现了产品线的差异化布局。创业者应考虑采购独家代理或自主研发的产品,打造特色鲜明的商品结构,并兼顾多种口味,如湘味、川味等,来满足消费者的多元化需求。

优化购物体验:案例中的"悦食尚"重视店面环境和顾客体验,这也为创业者提供了启示。除优质商品外,还需关注店铺装修风格、陈列布局、服务态度等方面,创建舒适、富有吸引力的购物空间,从而增强用户的黏性和复购率。

风险提示:

△创业者务必严把质量关,绝不能存在食品安全事故隐患;

△作为精品零食店,产品的新颖性、精致度及口味独特性至关重要;

△确保从选购原料、生产制作到售后服务全程高标准,切实维护和提高顾客满意度。

084. 母婴店：开设母婴用品专卖店，通过微信渠道年销售额能达1500万元

现在母婴市场发展很火热，很多创业者都涌进了开母婴店的热潮。但是，在母婴店的实际操作中，常常面临着许多问题，比如，当地母婴连锁门店很多，激烈的"价格战"导致很多产品没有利润；电商对母婴门店造成的巨大冲击，到店客户越来越少；推广费越来越高，但客户忠诚度不高，客单价不高……如何成功开一家母婴店并获得预期甚至更大的利润？下面的案例会给以创业者启迪。

经典案例：

王悦怡是母婴零售界资深人士，于2018年在静安区购物中心投资开设母婴用品专卖店，开业日销售额远未达10万元目标，仅为万余元。历经两年亏损后，第三年才扭亏为盈，但仍在寻求更有效的经营方式。随着微信生态崛起，王悦怡从中捕捉到了商机。

有一次，王悦怡在朋友圈分享自家宝宝使用店内护臀膏的效果，引起了热销，促使她重新审视微信销售渠道。虽初期微信销售平淡，但在"双十一"通过限时优惠活动斩获了5万元大单，打开了微信销售局面。

据此，王悦怡启动微信营销转型：构建微信个人号矩阵，设立多种角色吸引顾客加入社群，实行会员制保持客户联系，塑造专业亲民形象，分享育儿经验增强粉丝黏性，定期策划朋友圈促销活动，联动线上线下发起团购。

面对静安商圈内的激烈竞争，王悦怡坚持聚焦宝妈群体，全员配备专属微信号，积极创新。经过精细化运营，微信业务迎来突破，她的真实分享赢得客户信任，产品销售见长。

截至 2022 年底，王悦怡微信渠道年销售额跃升至 1500 万元，"爱婴节"单日微信交易额超百万，远超不少大型母婴连锁店的成绩。

创业实战：

线上线下深度融合：借鉴王悦怡的成功做法，创业者应在实体母婴店的基础上，同步构建线上营销渠道，如微信公众号、小程序或个人号矩阵，共享线下亲子活动信息、育儿知识，并配合吸引眼球的引流产品。适时举办线上线下联动活动，如直播亲子课程、节日促销等，以提升客户参与度和购买意愿。

优化会员服务体系：参照王悦怡坚持以客户为中心的理念，建立完善的会员制度，提供个性化关怀和丰富权益，如积分回馈、专享折扣、定制服务等。通过真诚贴心的服务态度，深化与客户的连接，增强用户黏性与口碑传播。

灵活运用促销策略：在关键节点（如节假日、店庆、特定母婴节日）设计并推送有针对性的促销活动，如限时折扣、拼团优惠、会员专享等，同时借助微信朋友圈等社交平台广泛传播，最大化活动效果，刺激消费需求，提高销售额。

风险提示：

△新创业者必须精确找准目标市场与细分领域，提供独特价值和差异化产品服务；

△母婴产品具有强时效性和迭代快的特点，创业者需要准确预测市场需求；

△在利用微信等社交媒体进行营销时，务必遵循相关法规，同时要确保产品质量与描述相符，以维护品牌声誉和用户信任。

085. 科技书店：开办农业科技书店，实现纯利润45万元

生活水平的提升和农村精神文明建设的深入推进，使得越来越多的农民开始追求高质量的精神文化滋养，而图书则是汲取知识的重要途径，尤其是科技图书在农村市场的需求数量猛增。加之大量青年农民迫切需要提升自我，踊跃参与各类职业技能考试，催生了县城考试教材市场的繁荣。因此，在人口密集或交通便利的县城开设书店，如同在图书市场中铸就一座"金矿"。

经典案例：

林益于2021年初敏锐察觉到农村科技兴农和农民自我提升的趋势，决定在其所在的镇中心地带投资开办一家农业科技书店。书店定位服务周边乡村的种植养殖大户、返乡创业青年以及有意提升技能的农民群体。

开业初期，精心挑选了一系列涵盖种植技术、养殖手册、农业机械操作教程以及各类职业技能考试教材的书籍。同时，他还与当地农业部门合作，定期举办农业科技讲座和读书会，以吸引更多农民走进书店，来增强书店在当地的影响力。

在经营过程中，林益不断创新服务模式，如提供在线订购、送货上门服务，并设置会员制度，会员享有购书折扣和优先参与活动的权利。短短一年内，书店就积累了上千名会员，辐射了周边十多个村庄。

至2022年底，书店凭借优质的图书资源和社区化服务，实现了年销售额约80万元的业绩，扣除租金、人力成本、图书采购成本，纯利润为45万元。林益的农业科技书店不仅满足了农民对科技知识的需求，也为自身创造了可观的经济效益，并验证了在农村开设科技书店的可行性与广阔

前景。

创业实战：

市场定位与产品选择：细致研究目标市场，如林益针对农村科技兴农和农民自我提升的需求，定位服务种植养殖大户、返乡青年及技能提升群体，选取实用性强的科技书籍，如种植技术、养殖手册、农机操作教程和职业技能考试教材等。

资源整合与合作共赢：效仿林益与当地农业部门的合作模式，创业者可以借官方资源举办各类科技讲座、读书会等活动，来提升书店在本地的影响力和知名度。同时，探索与其他涉农机构、培训学校等建立合作关系，共同推广农业科技知识。

服务创新与用户体验：结合线上线下服务，提供在线订购、送货上门等便捷购书方式，设立会员制度以增强用户黏性。会员可享受购书折扣、优先参与活动等特权，并不断提升用户满意度和忠诚度。

风险提示：

△创业者需保持敏感度，实时调整图书类别和内容，以适应市场需求；

△创业者应积极探索数字化转型，如开发线上书店、云课堂等，实现线上线下融合发展；

△初期投资和运营成本需谨慎把控，特别是图书采购、租金、人力等主要支出，要确保在实现销售收入的同时，保持健康的利润率，防范现金流风险。

第14章

新兴服务业：劳动密集型转向技能密集型，释放创业潜力

086. 陪医就诊：做专职陪诊师，两年收入近30万元

陪医就诊，是一个观察老龄化的窗口。透过它可以清晰地看到，当一个人步入暮年，是如何与疾病相处、走向人生终点的。而医院那些模糊的标识、烦琐的流程和智能化的设备，困住了日渐衰退的老年人。据行业数据统计，一名专业的陪医就诊人员，在一线城市年收入可达10万元以上，而自由执业者根据服务内容和客户类型的不同，年收入也可在3万~8万元，可以说这是一个大有可为的新兴服务业。

经典案例：

45岁的林芸，在经历了职场空档期后，毅然投身成为一名专职陪诊员，专门为广州这座大城市各大医院的患者提供陪同就医服务。广州的医疗资源高度集中，2021年全市医疗机构接待门、急诊总量逼近3亿人次，其中不乏大量来自外地的病患，尤其是60岁以上的老人占比突出。曾有一位湖南的老年夫妇清晨5点出发，长途跋涉到达广州，拖着沉甸甸的行李前往某知名三甲医院办理住院手续，却因不熟悉环境和流程，在医院内迷茫徘徊近半天。另外一对年迈夫妻，由于对智能手机操作不熟练，只能在门诊楼外的传统公告栏抄写专家出诊信息。

在林芸的职业生涯中，她深刻体会到了人间温情。有一次，她陪同一位来自东北的九旬老爷爷赴穗就医，其子女共8人轮流陪护，足见家人间的深深关爱。另一位石家庄的女客户，家中公公肺癌进入ICU已花费数百万元，而婆婆又被诊断为晚期脑膜癌，即便医生表示治疗希望渺茫，女客户仍坚持聘请陪诊员，希望能在全国各地顶级医院中找到一丝希望。

自从事陪诊工作以来，林芸以其南方人特有的细腻周到和耐心，深受老年患者喜爱。这份工作不仅让她积累了丰富的医疗服务经验，也让她重新

认识到自身的社会价值，并在过去的两年间获得了近 30 万元的可观收入。

创业实战：

识别痛点与市场定位：依据林芸案例，创业者首先应识别目标市场的切实需求，如老龄化社会中老年人"就医难"的问题，以及外地患者在北京就医面临的语言、地理、流程不熟悉等问题，以此为基础精准定位陪诊服务对象。

专业化服务体系建设：借鉴林芸的成功经验，构建一套涵盖接洽、预约挂号、陪同检查、解读报告、协调医患沟通等环节的专业陪诊服务体系，同时注重陪诊员的专业素养培训，确保服务质量和客户满意度。

合规化运营与风控：在提供陪诊服务过程中，创业者应严格按照国家相关法律法规及医疗机构规章制度运营，与医疗机构建立良性合作关系，签署必要的合作协议以规范服务行为。同时，要建立严格的患者隐私保护机制，防止信息泄露，并确保陪诊服务不涉及任何非法医疗行为，以消除成为"医托"的隐患，维护公平就医秩序。

风险提示：

△ 确保陪诊服务透明化，坚决杜绝任何推销、诱导就医的行为，树立诚信品牌形象；

△ 严格遵守医疗隐私保护法规，制定并执行严谨的信息保密制度，预防患者信息泄露；

△ 积极配合医疗机构管理，避免陪诊业务无序扩张对公共医疗资源分配和就医环境造成的负面影响。

087. 智能硬件装调员：酒店公寓智能化项目，一单效益超过300万元

2022 年 6 月，人力资源和社会保障部正式公布了 18 个新兴职业清单，其中智能硬件装调员这一职业被赋予了新的官方定义。这个职业的角色是

技术服务人员，其工作内容涵盖了使用示波器、信号发生器，以及计算机或移动设备等专业工具，进行智能硬件模块、组件乃至整个系统的硬件安装调试，包括但不限于软件代码的调试与测试，系统配置优化及整体联调等。与此同时，中国智能家居产业联盟（CSHIA）在《2020 中国智能家居生态发展白皮书》中揭示，我国全屋智能市场已成功穿越了首个高速发展阶段，标志着智能音箱、智能门锁等产品已成为销量突破千万级的爆款品类，并且这些智能设备已经广泛接入并整合到各种智能家居平台生态系统中。随着智能家居市场的不断扩大和技术进步，智能硬件装调员拥有广阔的发展前景和丰富的创业机遇。

经典案例：

张智杰在智能家居行业已深耕了近 8 年，是一名将智能化生活变为现实的"科技魔术师"，他专注于为客户提供便捷、安全、智能的家庭环境。张智杰表示，作为智能硬件装调工程师，他主要负责为客户定制全屋智能解决方案，并实施家居智能化改造。全屋智能不仅是单一产品的集合，更是一个要整合整个居住空间的系统工程，需要满足客户从智能安防到个性化照明、多媒体娱乐等多元需求。

在项目启动阶段，张智杰会细致地规划网络布线路径、协调各类智能设备联网，并与经验丰富的家装师傅紧密合作。他认为，全屋智能的核心在于家电与网络系统的无缝对接，需要通过反复调试和扎实的基础工作来确保整体效果达到最优。

张智杰凭借不断积累的经验和专业知识，在业内已成为公认的资深装调专家。他坚信，未来的传统家装师傅也将会逐步掌握设备联网技术，顺应产品智能化的发展潮流。完成安装后，用户可通过手机远程控制家中的智能电器，如空调开关、家庭影院操控等；同时，通过人体感应和红外联动技术，智能设备还能自动执行预设场景，如当系统检测到无人时，智能灯光便会切换至"离家模式"，自动熄灭所有灯具。

张智杰创立的公司搭建了一套高效的工单调度管理系统，能够按区域

第14章 新兴服务业：劳动密集型转向技能密集型，释放创业潜力

将任务精准派发给各地装调员。以上海为例，每个行政区都有他们公司的专业装调团队，这大大提升了工作效率和服务质量。随着智能化理念深入人心，张智杰的服务范围也拓展到了商业领域。近期，他接了一个高端酒店公寓的全面智能化订单，成功打造了一个覆盖整栋楼的智能系统。该酒店公寓采用统一的智能门锁系统以便于管理，并在每间公寓内配备了同样的智能音箱及情景灯光设备，当住户进入房间时，音箱会自动播放欢迎音乐，氛围灯也会随之点亮，给顾客营造出宾至如归的独特体验。这个酒店公寓智能化项目的实施，保守估计能为张智杰带来超过300万元的经济效益，同时也为其公司在商业智能化领域的拓展打下了坚实的基础。

创业实战：

定位与专业服务：像张智杰一样，创业者首先应找准在智能家居行业的定位，专注于提供全屋智能解决方案和定制化服务。掌握智能硬件装调技能，并了解各类智能设备的特性及兼容性，确保能够为客户提供从设计规划、安装调试到售后维护的一站式服务。

团队建设与合作：组建一支包括智能硬件装调员和传统家装师傅在内的多元化团队，通过培训提升团队整体智能化技术水平，实现高效协作。同时，建立工单调度管理系统，科学合理地分配资源，提高项目执行效率和服务质量。

市场开拓与品牌塑造：紧跟行业趋势，积极拓展业务领域，不局限于家庭场景，还可涉猎商业空间，如酒店公寓等，利用成功案例打造品牌形象。结合线上、线下渠道进行宣传推广，引导消费者认识并接受全屋智能带来的生活便利。

技术迭代与创新：要持续关注并学习最新智能家居技术，及时更新产品库和服务内容，以满足客户不断升级的需求。适时研发自有知识产权的智能硬件或软件系统，以增强竞争优势。

风险提示：

△智能家居行业发展迅速，技术更新换代快，需时刻保持敏锐的技术

洞察力和适应能力；

△ 个性化需求差异大，若不能准确把握用户痛点并提供优质解决方案，可能会影响客户满意度和口碑传播。

088. 游戏代练：创立游戏代练工作室，一年累计盈利近百万元

随着电子竞技的迅速崛起，游戏行业成为当今社会炙手可热的行业之一。而游戏代练作为一种新兴的创业形式，以其独特的魅力和巨大的商机，正在逐渐走进人们的视野。那么，游戏代练究竟是怎样的一个行业？该如何抓住这个时代的黄金商机？接下来，笔者将通过一个帮助别人升级打怪的游戏代练工作室的创业案例，来揭开它的神秘面纱。

经典案例：

位于 S 市的"云顶电竞服务中心"由三位志同道合的年轻人小伟、小娜和小阳于 2022 年共同创立。他们瞄准了《王者新纪元》这款现象级手游的市场空白，发现大量玩家对快速提升段位有着强烈需求。于是，他们在市中心租赁了一间配备高效网络与专业电竞设备的工作室，招募了 15 名高水准游戏玩家作为团队成员。

借助精准的市场定位和高效的网络营销策略，工作室在短短半年内便积累了稳定的客户群体。他们不仅提供付费定制服务，帮助客户提升游戏角色等级和排位赛成绩，还开设了游戏教学课程，进一步拓宽了业务范围。

在精细化运营和严格遵守游戏规则的前提下，经过一年的努力，截至 2023 年 6 月，"云顶电竞服务中心"月均营业额达到了 30 万元，除去人力成本、设备更新、场地租金等各项开支后，每月纯利润能维持在 8 万元左右，一年下来累计盈利近百万元。这一案例生动诠释了如何通过挖掘游戏市场的潜在价值，来成功打造游戏代练项目，实现经济效益和社会影响力

的双丰收。

创业实战：

市场需求调研：首先，要深入研究当前热门游戏及其用户群体，如"云顶电竞服务中心"专注于《王者新纪元》手游市场，明确目标客户对游戏代练的需求程度及具体服务内容，如角色升级、段位提升或技能教学等。

专业团队组建：招募具有高水平游戏技能和良好职业素养的人员，组成专业的游戏代练团队，确保服务质量满意甚至超越客户期待，如案例中的15名专业电竞选手。

硬件设施投入：选择合适地点设立工作室，配置高速稳定网络和高品质电竞设备，为游戏代练提供良好的工作环境，以提高工作效率并保障客户满意度。

品牌建设和营销推广：通过社交媒体、游戏论坛、直播平台等多种渠道进行品牌宣传和营销推广，建立良好的口碑和信誉度，吸引并留住客户资源。

风险提示：

△ 要了解并遵守相关法律法规，尊重游戏开发商的规定；

△ 应确保所使用的他人游戏资源是经过授权的；

△ 时刻关注并及时调整经营策略以符合规定。

089. 整理收纳：做收纳师帮别人整理屋子，一单竟挣到上万元

在繁忙的都市生活中，你是否经常感到空间不足、物品杂乱无章？随着现代人生活节奏的加快，整理收纳成为很多家庭和企业急需解决的问题。这时，整理收纳，便成了一个充满无限商机的行业。收纳师通过专业性的服务和品牌形象的建设，可以在这个垂直行业中实现自己的梦想。在这里，为大家分析一个整理收纳的经典案例，希望能够给创业者带来一些

启示和灵感。

经典案例：

32岁的莉雅在2020年初从科技公司档案管理员转行成为收纳师。她通过手机应用学习时受到启发，认为整理不只是物品，更是梳理生活需求和秩序。转型后的莉雅深感"断舍离"的重要性，而她服务的对象多为购物过剩的高端客户，如金融精英、知名博主等，他们虽富有却无法有效管理家中堆积的衣物、艺术品等。例如，她曾经为一套刚入住一年、衣服满溢三个卧室的年轻夫妻设计了定制衣橱方案，使用超过500个衣架和几十个收纳箱，将混乱不堪的空间变得井然有序。客户中有的甚至因过度消费引发了家庭矛盾，如一位母亲因购买了过多的家居用品，从而导致了日常生活不便；有的则因童年物资匮乏而过度补偿，但在莉雅的帮助下他们逐渐面对并调整了消费行为。

她在服务前总是先做上门评估，了解客户需求与习惯，提供有针对性的改造建议及报价。整理时彻底清空、分类物品，并根据物品数量优化布局，强调"能挂则挂"的原则，通过增减层板、重构柜体结构让每件物品各得其所，且按颜色和类别排列，方便查找。

经莉雅专业整理后，许多客户意识到自己拥有超乎想象的物品量，从而减少了不必要的购物开支，家庭关系也更为和谐。据统计，一次全屋整理相当于帮客户节省数千甚至上万元非必要支出，而她也曾一单挣过上万元。莉雅不断提升专业能力，致力于为不同兴趣爱好的客户提供优质服务，在实现自我价值的同时，提升了客户的生活品质。

创业实战：

精准定位服务群体：如莉雅瞄准了购物过度、缺乏空间管理能力的高端客户群体，创业者首先需要明确目标市场，针对高收入、快节奏生活或有特殊收纳需求（如家庭改造、搬家整理等）的人群提供专业化的空间规划与整理服务。

打造专业形象与口碑：效仿莉雅通过学习提升自身技能，并与知名品牌合作以增强信任度。建立个人或团队品牌，并通过社交媒体、线上线下讲座分享收纳技巧和成功案例，积累口碑，吸引潜在客户。

灵活定价策略：根据莉雅的经验，可采取按照柜体长度、整理难度或项目规模来差异化收费，同时可以设置全屋整理套餐及标准卧室整理单次服务等多种服务类型，以满足不同客户需求。

提供个性化定制方案：深入了解每个客户的实际需求、生活习惯和心理诉求，为客户量身定制家居收纳解决方案，让服务更具针对性和附加值。

持续优化服务质量：不断地提升空间规划与整理的专业知识，包括了解各类物品材质特性、熟悉最新收纳产品和技术，以及如何帮助客户调整消费观念，实现长期效果。

风险提示：

△消费者对收纳服务的需求可能会受到经济环境、生活方式变化等因素的影响；

△客户需求多元化，难以形成统一、易复制的服务流程，可能会导致服务质量和效率不稳定；

△从一般创业实践的角度分析，若过于依赖创始人（莉雅）或个别核心成员的专业形象，可能在人员变动时导致业务受损。

090. 专业导购：在高端家具商场担任专业导购，年收入达到30万元

专业导购，是指具备深厚产品知识、出色沟通能力与客户服务技巧的销售人员，他们主要在零售场所，如商场、专卖店、购物中心等为顾客提供"一对一"或"一对多"的个性化购物指导服务。这些人员经过专业的培训和实践锻炼，已经成为产品专家、需求分析者、购买决策辅助者、服务体验提升者、销售促成者，他们能够深入了解消费者需求、喜好及购买

动机，并利用丰富的商品信息资源和销售策略来有效地解决消费者在购物过程中可能遇到的问题和疑虑。因此，将专业导购作为创业项目时，创业者需培养一支高效的专业团队，以确保他们在满足顾客购物需求的同时，为商家带来可观的经济效益和社会口碑。随着线上、线下的融合趋势，专业导购的概念也逐渐延伸至电商平台，形成了线上、线下相结合的新型导购模式。

经典案例：

李萌现年30岁，于2021年初在上海的一家高端家具商场担任专业导购，凭借丰富的家居产品知识、敏锐的消费者洞察力和出色的沟通能力，为顾客提供全方位的购物咨询服务。在新零售模式下，李萌不仅在线下实体店服务，还通过直播、短视频等形式开展线上导购业务。

一次，李萌接待了一位准备装修新房的客户王女士。王女士对各类家具风格、材质及搭配感到困惑，且担忧购买后与整体装修风格不符。李萌耐心倾听客户需求，根据其新居设计图和个人喜好，精心挑选并推荐了一系列家具套餐。她利用VR技术帮助王女士直观感受不同搭配方案的效果，解决了王女士的所有疑虑。经过一周的努力，李萌成功促成王女士购买了总价为30万元的全屋定制家具，并在后续跟进中，又引导王女士选购了价值5万元的软装配套商品。此外，李萌的专业服务赢得了王女士的高度认可，促使她在社交圈积极推荐李萌，为李萌带来了更多潜在客户。

据统计，在2021年的一年时间里，李萌凭借专业导购技能，为所在商场额外创造了约150万元的销售额，按照提成比例计算，她的年收入达到了30万元，实现了经济效益与个人职业发展的双赢。这一成绩不仅反映了李萌作为专业导购的价值，也展示了新兴服务业领域内专业导购项目的巨大潜力。

创业实战：

打造专业能力与个人品牌：创业者应学习李萌的做法，深入学习和掌握相关产品知识，提升自身在特定领域的专业度，并通过线上、线下相结合的方式（如实体店、直播销售、短视频分享等）塑造个人专业导购的品牌形象。

精准挖掘客户需求：关注并研究目标客户群体的需求特点，提供"一对一"的个性化咨询服务，利用VR、AR等现代技术手段展示商品效果，解决客户的购买疑虑，增强购买信心。

整合供应链资源：建立良好的供应商关系，确保能够为客户提供多样化、高品质的商品选择，同时灵活应对市场变化，快速调整产品线以满足不同消费者需求。

搭建高效服务团队：借鉴李萌的成功经验，培养一支具备同样专业素养和服务理念的导购团队，以保证服务质量的一致性和稳定性。

口碑营销与社群运营：鼓励对服务满意的客户进行口碑传播，运用社交媒体工具建立用户社群，实现用户的裂变增长，提高复购率和转介绍率。

风险提示：

△未经许可私自调动货品排面、乱动商品，可能导致销售策略执行不力、品牌形象受损及顾客购买体验下降；

△未能及时发现并补充缺货商品、缺失价签或POP，可能影响销售效率和顾客满意度，甚至引发价格纠纷；

△未积极主动热情服务顾客、未使用规范文明用语，或在未经主管批准的情况下擅离岗位，将导致服务质量下降、客户流失，并可能因通道堵塞、物品摆放不当等安全隐患问题，引发安全事故。

091. 陪孕师：心理学研究生毕业后做陪孕师，月收入3万元

陪孕师是一种新兴的服务行业角色，其主要为孕妇提供从孕期到产后的一站式个性化服务。这个职业超越了传统保姆或月嫂仅关注日常生活照

料的范畴，更加注重对孕妇身心健康的全面关怀和指导，因此需要具备一定的医学、营养学、心理学等专业知识，要能够从科学的角度帮助孕妇进行合理膳食搭配、制订健康的生活作息计划，并在孕期不同阶段给以相应的生理变化辅导、情绪疏导以及产前教育等服务。陪孕师不仅减轻了孕妇及其家庭成员的心理压力，也满足了现代家庭对于高质量孕产期服务的需求。

经典案例：

陈思涵是一名心理学硕士，毕业后面临着严峻的就业压力，她决定另辟蹊径，投身新兴的陪孕师行业。如今，凭借专业的服务和丰富的经验，她已成为月收入达3万元的成功创业者。

现年34岁的陈思涵来自江苏省南京市的一个普通家庭，于2021年心理学硕士毕业并取得了国家二级心理咨询师资格证书，当时在广州市一家心理咨询机构找到了一份心理咨询师工作。入职后，陈思涵给自己设定了五年内开设心理咨询中心的目标。她深感自己对心理学仍有热情，并不愿轻易放弃已投入数万元的教育成本。春节期间，陈思涵请假回家静心思考未来方向。

假期期间，邻居王阿姨请求陈思涵陪伴怀孕在家、情绪低落的儿媳赵佳丽。在交流过程中，陈思涵运用心理学知识帮助赵佳丽缓解了产前焦虑，通过讲述有趣的故事、提供科学合理的饮食建议等方法改善其情绪状态。一个月后，赵佳丽顺利诞下一子，王阿姨感激不尽，赠予陈思涵1000元红包以示感谢。

受到这次经历的启发，陈思涵意识到市场上有大量的孕妇需要心灵层面的关怀与指导，而传统的保姆服务无法满足这一需求。于是，她决定将所学的心理学知识应用于陪孕服务领域，专门提供孕期心理疏导及生活照顾服务。此举不仅让她的专业知识得以发挥，更迅速打开了新的市场，并为她带来了可观的经济效益。自创业以来，陈思涵凭借这项特色服务，成功实现了每月稳定收入3万元，开辟了一条独特的创业道路。

创业实战：

建立专业知识和技能：陈思涵通过攻读心理学研究生并获得心理咨询师资格证书，具备了扎实的心理学知识和咨询技能。创业者应该通过相关专业课程、培训和实践经验不断提升自身能力，以确保在陪孕服务行业中具备专业背景和技能。

了解目标市场和需求：陈思涵的成功之处在于她研究了目标市场的孕妇需求和心理健康关注点，并有针对性地提供孕期心理疏导和生活照顾服务。创业者应该深入了解目标市场的特点、需求和竞争状况，以便能够提供符合客户需求的服务。这可以通过市场调研、与潜在客户的交流和合作等方式来实现。

建立专业形象和口碑：陈思涵通过专业的形象和优质的服务赢得了客户的信任和口碑推荐，从而建立了良好的品牌形象和行业影响力。创业者应该注重自身形象的塑造，包括专业形象的打造、专业素养的提升以及与客户的良好互动。提供高质量的服务、关注客户需求、积极回应客户反馈等，都是建立良好口碑的关键。

风险提示：

△ 确保遵守相关法律法规，获取必要的执业资质和证书，避免违规行为带来的法律风险；

△ 咨询涉及个人隐私，要严格遵守保密原则，确保客户信息的安全和保密，避免信息泄露造成的信任危机。

092. 催乳师：全面掌握催乳技能，月收入轻松达到2万元+

催乳师是一种新兴的在母婴服务领域中具有专业技术的职业，主要是为产后妇女提供乳房护理和保健服务。催乳师运用生理学、中医经络理论、营养学等多学科知识，通过专业的按摩手法、饮食指导、心理疏导等方式，帮助产妇解决产后无乳、乳少、乳腺管堵塞、乳汁淤积等问题，来促进乳汁正常分泌，并确保母乳喂养顺利进行。合格的催乳师通常需要经过专业培训并获得相关资格认证，以便为客户提供安全、有效的服务。随着社会对母乳喂养重要性的认识加深，以及家庭对高品质母婴服务需求的增长，催乳师这一职业正逐渐受到更多关注，并成为服务业中的一个创业热点项目。

经典案例：

李燕是一名催乳师，她深刻认识到心理疏导在催乳过程中的重要性。通过专业培训，她不仅掌握了中西医结合的乳房保健按摩技术，包括穴位刺激、科学饮食建议等方法，还能在15～20天内熟练运用无痛催乳手法，解决产妇产后无乳、乳少等问题，甚至对乳腺管堵塞、急性乳腺炎等复杂状况也能应对自如。其催乳效果深受客户好评，口碑传播使得业务量迅速增长。

李燕凭借专业的技能与丰富的经验，以及服务价格合理且效果显著的优势，平均每个月可为产妇提供约30次催乳服务，每次收费约500元，月收入可以轻松达到1.5万元左右。此外，她的全方位护理服务，包括婴儿照料和产妇身体护理，更使她在母婴市场建立了稳固的地位，进一步提高了经济效益，使得月收入达到了2万元以上。因此，李燕作为一位兼具心理疏导能力的专业催乳师，不仅成功解决了众多哺乳期妈妈的实际困难，也实现了自身的创业价值与经济收益。

创业实战：

专业培训与技能提升：首先，创业者应如李燕那样，参加正规的催乳师专业培训，确保全面掌握理论知识和实践技巧，包括但不限于心理疏导、中医推拿按摩、饮食调理等。同时，应持续关注行业动态，不断提升服务质量。

市场定位与拓展：识别目标客户群体，即产后需要哺乳指导与乳房保健的新妈妈们，并通过医院合作、社区推广、线上宣传等方式拓宽业务渠道。可以为客户提供个性化的服务套餐，涵盖孕期到哺乳期的全程护理。

口碑建设与品牌塑造：提供优质且专业的催乳服务，赢得客户的信赖和好评，形成良好的口碑传播效应。同时，要注重个人品牌形象塑造，如开设公众号分享专业知识，举办公益讲座等，以提高知名度。

多元化服务扩展：初期以催乳为核心业务，随着发展逐渐拓展至育婴指导、产后康复等全方位母婴服务，满足客户需求，增加收入来源。

风险提示：

△要密切关注相关政策法规，确保符合行业从业资格标准，避免因资质问题影响业务开展；

△由于催乳服务具有一定的时效性（主要集中在产后阶段），因此，需考虑如何稳定客源，或者开发新的增值服务以应对市场需求的变化。

093. 探店达人：与探店达人合作，创造经济效益10万元

探店达人是近年来随着社交媒体和内容营销兴起而发展起来的一种新兴服务业角色。这类达人通常活跃于各大社交媒体平台，如抖音、小红书、微博等，他们通过实地探访各类店铺并以图文、视频等形式分享自己的体验感受、商品评价和服务质量分析。探店达人现在已经成为商家和消费者之间重要的桥梁，他们的存在既满足了消费者获取真实、直观消费信息的需求，也为商家提供了新颖有效的营销渠道。下面来看一家火锅店是如何通过小红书达人探店，成功吸引大量客流的。

经典案例：

近期，位于某繁华市区的"热辣香锅"餐厅，成功借助小红书平台美食达人"美食侦探小美"的探店活动，实现了客流的显著增长。该餐厅精挑细选了一位在当地颇具人气的小红书博主"美食侦探小美"，其以生动

有趣的美食体验分享和实地探店内容深受广大粉丝喜爱。

"热辣香锅"与"美食侦探小美"达成了深度合作协议，邀请她到店品尝招牌香锅，并撰写详尽的探店心得。同时，博主承诺在自己的社交媒体账号上发布店内用餐环境、菜品特色及制作过程的照片和视频，积极向粉丝推荐这家餐厅。"热辣香锅"为"美食侦探小美"精心安排了一场别开生面的品鉴之旅，不仅详细介绍每款香锅背后的故事与烹饪技巧，还贴心提供了专业的摄影设备，确保博主能捕捉到最佳的视觉效果。

合作结束后，餐厅密切关注并分析了"美食侦探小美"所发文章的阅读量与互动数据，发现这篇文章引发了广泛关注和热烈讨论。借此东风，餐厅迅速策划了一系列营销活动，包括限时优惠套餐、线下主题聚会等，进一步提升了品牌曝光度和认知度。

经过这次成功的合作，"热辣香锅"餐厅在短短一个月内客流量就提升了近50%，月销售额增加至原来的1.5倍，即额外创造了约10万元的经济效益，这充分体现了通过与小红书美食达人合作进行引流的强大潜力和实际收益。

创业实战：

合作对象选择：首先，创业者应精准定位具有较高活跃度和影响力的社交媒体达人，尤其是与自己创业项目相关的领域，如"热辣香锅"餐厅选择了美食博主。考察达人的粉丝群体是否与目标消费者契合，以及其内容创作能力及口碑。

策划吸引策略：制订具有吸引力的合作方案，如邀请探店并撰写深度体验文章、拍摄视频，甚至可以提供独家优惠或定制服务以激发达人的创作热情和粉丝的兴趣。同时，也要确保店内环境、菜品和服务质量达到最佳状态，以便达人能真实、积极地进行传播。

跟踪反馈与营销跟进：密切关注达人发布的内容数据，如阅读量、点赞数、评论数等，以此为依据调整后续的营销策略。例如，若效果良好，可及时推出针对性的促销活动，进一步转化线上流量到线下消费。

持续合作与口碑建设：建立长期合作关系，定期邀请不同类型的达人探店，保持品牌在社交媒体上的曝光度和新鲜感。同时，通过优质的服务和产品赢得消费者的口碑，形成良性循环。

风险提示：

△过于依赖某一社交平台或特定达人的推广可能导致流量来源不稳定；

△如果服务质量未能跟上宣传力度，一旦出现负面评价可能会迅速影响品牌形象；

△计算与达人合作的成本，并结合实际引流效果进行效益分析，避免投入产出比失衡。

094. 外卖小哥：为了还债跑外卖，三年赚钱过百万元

外卖小哥是对从事网络餐饮配送服务人员的通俗称呼，他们通常受雇于各大外卖平台或与餐饮店合作，负责从餐厅或其他食品供应商处取餐，并将餐品安全、及时地送至顾客手中。随着互联网技术和移动支付的发展，外卖行业迅速崛起，外卖小哥成为城市生活不可或缺的角色。这个职业要求从业人员具备良好的方向感、高效的行动力以及较强的服务意识。他们在现代生活中承担着连接餐饮商家与消费者之间的重要纽带作用，对于保障人们便利的生活提供了关键支持。

经典案例：

陈思是一位来自江西抚州的创业者，曾因开饭店向银行贷款 80 万元，但经营 5 个月后陷入亏损困境。为偿还债务，他毅然决定来到上海打拼。2019 年初到上海时，陈思在一家饭店担任厨师，月薪高达 1.3 万元。一年后，他敏锐地察觉到外卖行业的收入潜力，于是在 2020 年开始兼职众包骑手。不久后，他全身心投入了外卖行业，成了一名专职骑手。

三年多的时间里，陈思凭借勤奋与毅力，累计赚取了超过 102 万元的收入。通过展示手机记录人们可以看到，他在 2023 年的数月内，单月最高收

入达4万多元，最低也有近2万元，平均月入保持在3万元以上。尤其是在高峰期，一天能完成200多单配送，而平台的额外补贴进一步提高了他的收益。

如今，陈思已成功偿还了当初开店所欠下的全部80万元贷款，尽管目前仍背负着老家购房产生的10万元房贷，但他依然积极乐观，持续奋斗。陈思的生活极其节俭，每月生活花费控制在2000～2500元，主要支出为房租和基本饮食，几乎没有任何社交娱乐活动，全心全意投入工作中。他表示，自己不挑单、不畏难，两个外卖平台之间灵活切换，只要有订单就全力以赴。这也是他能在短时间内取得显著经济成果的关键所在。

创业实战：

平台选择与时间管理：陈思灵活运用了两个外卖平台接单，根据平台的订单量、补贴政策和自身情况合理安排工作时间，最大化收入。创业者在初期可多尝试不同外卖平台，研究其运营规则并优化时间分配策略。

高效接单与配送技巧：学习陈思高效的接单技巧，如不挑活、快速响应，以及掌握城市道路状况以规划最佳路线，减少空驶时间。同时还应关注特殊时段（如饭点高峰、恶劣天气）及特殊单型（有补贴或距离较远但用时短的单子），提升单次收益。

身体素质与心理调适：做外卖小哥创业需具备良好的身体素质，以应对高强度的工作节奏。同时，要及时调整心态，面对压力时要保持积极乐观，将"挣得多"的目标分解为每天的具体行动，并合理安排休息时间，以确保长期稳定的工作状态。

成本控制与持续投入：陈思的生活开支极为节俭，创业者也应借鉴这一经验，严格控制个人生活成本，将更多资金用于必要设备的投资升级（如电动车维护、保温箱等）或作为储备金以应对突发情况。

风险提示：

△ 外卖行业竞争日趋激烈，市场需求和平台政策变化可能导致收入不稳定；

△ 长时间高强度劳动可能对身体健康造成损害，且面临交通事故等安全风险；

△ 全职从事外卖配送，一旦遭遇意外事故或平台政策变动，可能会严重影响收入来源。

第15章

小成本大生意：
微创新与精细化运营，
　　小项目有大收益

095. 现切水果：把现切水果做成了大生意，年收入达到30万元

现切水果是一种预处理的生鲜食品服务或产品，通常在零售环境中提供，尤其是在街头摊贩、便利店或者专门的水果店中较常见。消费者购买现切水果可以享受到即买即食的便利，这就特别受到年轻人、上班族以及生活节奏较快人群的欢迎。由于减少了消费者自行处理水果的步骤，这种商业模式迎合了现代人对于快捷、健康生活方式的需求。同时，对于创业者而言，虽然初始投入可能较小，但如果运营得当，能够控制好成本（如水果损耗、保鲜技术等）和定价策略，现切水果确实有可能成为小成本大生意的一个领域。

经典案例：

小李于2021年初在繁华市区的大型居民区附近开设了一家现切水果店。他率先与多个优质果园和批发市场建立长期合作关系，每日凌晨亲自选采当天最新鲜、品质优良且性价比高的水果，确保四季供应不断档，例如，夏日以西瓜、杧果、葡萄为主打，冬日则重点推出苹果、橙子、柚子等应季水果。

小李严格按照食品安全标准运营，每日早间对采购的水果进行全面细致的清洗，并在高标准卫生环境中完成水果切割、包装等工序，并辅以冷藏设施来保持水果的新鲜。他还创新性地推出了多样化的水果组合套餐，如"健康瘦身组合""营养早餐组合"，以满足不同消费者的个性化需求。

通过社交媒体营销、口碑推广以及周期性的促销活动，小李的现切水果店成功吸引了大量忠实客户。并且，他与时俱进地开展了线上业务，提供同城配送服务，极大地拓宽了销售渠道和覆盖面积。

经过一年的苦心经营后，小李的水果店月平均销售额达到了5万元，扣除每月租金约1万元、水果成本约2万元以及其他运营成本（含人力、

耗材等）约1万元，其每月纯利润可稳定在1万元左右。尽管创业初始投入成本有限，但小李凭借着精明的经营策略和优质的客户服务，成功将这个看似不起眼的小成本项目做大，使其年收入达到了30万元以上，实现了小资本撬动大收益的创业目标。

创业实战：

供应链管理：小李的成功在于与果园和批发市场建立了稳定的合作关系，确保了产品的新鲜度和成本优势。创业者应优先考虑优化供应链，寻找优质且价格合理的货源，在保证产品品质的同时控制成本。

精准定位与差异化服务：小李根据季节变化和消费者需求推出了特色水果组合，满足了市场的多元化需求。在创业过程中，大家要注重市场调研，找准目标客群，提供有竞争力的差异化产品或服务。

线上线下结合：小李不仅开设实体摊位，还利用社交媒体进行推广并开展同城配送服务，拓宽了销售渠道。创业者需紧跟互联网趋势，把线上线下相结合，这能有效地扩大业务覆盖范围。

食品安全与卫生保障：小李严格遵守食品安全规定，保证了现切水果的质量和卫生安全，树立了良好口碑。创业者必须将食品安全和卫生视为经营的生命线，任何时刻都不能松懈。

风险提示：

△食品行业首要风险是质量问题导致的品牌信誉损失及法律纠纷；

△保证水果的新鲜度和食品安全，避免因不当操作带来的潜在风险；

△原料供应中断或成本大幅波动可能影响产品供应及利润空间。

096.手推奶茶冷饮摊：开设手推奶茶冷饮摊，月纯利润达5000元

传统奶茶冷饮店通常需要较高的启动资金投入，而转为经营移动式手推奶茶冷饮摊位，则是一种资金门槛较低的创业选择。这种模式下，即使

投资规模较小，只要妥善选址并把握市场需求，手推奶茶冷饮业务依然具有广阔的发展空间和盈利能力，其特别适合低成本起步或资金相对有限的创业者。在繁华地段、学校周边、公园、集市或者大型活动场地等人群密集区域合理设置摊点，可有效吸引客流，实现良好的经济效益，成为"小本生意、大有作为"的成功典范。

经典案例：

2021年夏天，齐鑫在市中心的大型购物中心附近开设了一个手推奶茶冷饮摊。首先，他精心挑选了一款性价比高的奶茶制作设备，并从正规渠道购入优质茶叶、新鲜牛奶和各类配料，确保饮品口感上乘且符合食品安全标准。

齐鑫根据商圈人流量规律，选择在下午至晚上时段出摊，主打特色果茶、冰激凌及各类创意冷饮。他利用社交媒体进行营销推广，通过优惠券、买赠活动吸引顾客，并设立会员制度，积累了一批忠实客户。

此外，他还针对周边写字楼白领推出"午间特惠"套餐，搭配便携式小吃，满足了上班族快速消费的需求。为提高经营效率，齐鑫采用提前准备半成品的方式，保证了在高峰时段能迅速出餐。

经过一个夏季的运营，齐鑫的手推奶茶冷饮摊月均销售额达到了1.5万元，扣除每月设备折旧、原材料成本以及其他运营成本（如场地租金、人工等）后，其月纯利润为5000元左右。尽管初期投资相对较小，但凭借灵活的经营策略与高品质产品，齐鑫在一个季度内成功实现了盈利，三个月累计收入超过1.5万元。这个实例充分证明了小成本手推奶茶冷饮摊位具有可观的经济效益和良好的创业前景。

创业实战：

精准定位与特色产品：齐鑫根据目标人群需求定制特色饮品及配套小吃，如创意冷饮和便携式小吃，并在高峰时段推出优惠活动。创业者应深入研究市场，找准细分领域，为顾客提供具有竞争力的特色产品或服务。

灵活选址与高效运营：齐鑫选择人流量大且消费潜力高的购物中心附

近设摊,并合理安排出摊时间,以满足不同时间段的需求。建议创业者关注地段与时间窗口的选择,确保最大限度地接触潜在客户并提高经营效率。

线上线下结合营销:齐鑫运用社交媒体进行推广和会员管理,有效吸引并留住了客户。创业者应善用数字化工具进行宣传、销售和服务,拓宽销售渠道,建立品牌口碑。

成本控制与品质保证:齐鑫严格控制原材料成本,提前准备半成品以应对高峰期,同时保证了产品质量。在创业过程中,要持续优化供应链管理,在降低成本的同时坚守食品安全底线,提升顾客满意度。

风险提示:

△错误的地点选择可能造成客源稀少,影响销售额;

△任何涉及食品安全的负面事件都可能严重损害品牌形象,甚至导致停业整顿。

097. 停车位:通过共享停车位,实现月纯利润4万元

停车位是一种城市稀缺资源,尤其是在繁华地段或交通繁忙区域。创业者可以发掘闲置的停车位资源,通过租赁、承包、共享、增值、合作或者购买使用权等方式获得这些资源。这个项目的关键是要找准市场需求、合理调配资源、运用创新商业模式,并通过精细化管理和持续优化服务来实现盈利。

经典案例:

2021年,沈辰针对在一线城市"停车难"的问题创立了一家名为"车位宝"的共享停车位创业公司。他首先与多个小区物业合作,通过签订协议获得了部分业主同意将闲置时段的私人停车位进行短期出租的权利。

沈辰团队开发了一款便捷的手机应用程序,用户可以通过App查询、

预订和支付使用周边小区的空闲停车位。同时，他们引入了智能化硬件设备，实现了无人值守自助停车管理，大大提高了车位的周转效率。

为吸引更多车主加入平台，沈辰推出了积分兑换、会员优惠等营销策略，并且与洗车店、汽车保养中心达成异业联盟，提供一站式服务，增强了用户黏性。

经过一年的运营，"车位宝"注册用户突破10万人，日均活跃用户达到了3000人以上，平均每个停车位每天能增加2~3小时的有效利用时间。按每小时最低收费5元计算，单个车位每日新增收益10~15元，每月每位车主贡献约300元。假设初期整合了500个车位资源，那么月总收入可达15万元左右。扣除给物业分成、运维成本以及推广费用后，按照保守估计，沈辰的"车位宝"项目每月纯利润可达到约4万元，实现了从解决社会痛点到创造经济效益的成功转化。

创业实战：

资源挖掘与整合：沈辰成功的关键在于与小区物业合作，有效利用了闲置车位资源。创业者应善于发现并整合行业内的闲置或未充分利用的资源，通过创新模式实现其商业价值。

技术赋能与平台建设：沈辰团队开发了手机应用程序和智能硬件设备，提升了停车管理效率。创业者应借助互联网技术和智能化解决方案，搭建高效便捷的服务平台，优化用户体验并提高运营效率。

异业联盟与增值服务：沈辰通过与其他汽车服务商家建立联盟，为用户提供一站式服务，增强了平台吸引力和用户黏性。在创业过程中，可以寻找关联产业进行跨界合作，提供增值服务以拓宽收入来源。

精细化运营与市场营销：通过积分兑换、会员优惠等营销策略，沈辰有效吸引了大量用户。创业者要注重精细化运营管理，结合市场调研制订针对性强的营销方案，持续吸引和留住客户。

风险提示：

△依赖于第三方资源（如小区停车位）时，合作关系的稳定性和可持

续性是关键，需签订长期合作协议并确保权益保障；

△城市规划、物业管理等相关政策调整可能影响到项目的运营，要及时关注政策动态并合规经营。

098. 爆米花：开展爆米花创业项目，获纯利润20万元

爆米花是一种非常受欢迎的零食，在电影院、游乐场、体育赛事、展览会等各种场合都有需求。它具有低成本、易制作和高利润的特点，因此被认为是一个适合小规模创业者的项目。这个项目成功的关键在于要了解其商业模式和市场潜力，在这之中具体会涉及产品制作、市场调研、品牌建设、销售渠道和成本利润等多个方面。通过深入了解和研究这些因素，创业者可以制订出合适的商业计划，并在小成本大生意领域中获得成功。

经典案例：

章志国是一个创业者，他看到了爆米花在当地市场上的潜力，决定于2022年开展自己的爆米花创业项目。他从市场调研中了解到，附近的购物中心在周末和节假日有可观的人流量，特别是电影院附近。他认为这是一个理想的销售机会，因此制订了创业方案。

章志国首先选择了一个小而便捷的商铺，其位于购物中心的一楼，靠近电影院入口。这个位置能够吸引经过的顾客，并且他可以通过与电影院合作，在电影开始前和休息时间提供爆米花。他还学习了不同的爆米花制作方法和配方，并决定提供多种口味的爆米花，包括经典的黄油口味、巧克力口味、奶酪口味和辣味口味。他注意到，消费者对于健康和有机食品的需求日益增长，因此他决定使用优质的有机材料来制作爆米花，以吸引更多有健康意识的消费者。

为了提高品牌知名度，章志国雇用了一位专业设计师设计他的品牌标志和包装。他还在社交媒体上建立了品牌形象，并通过发布各种爆米花的

图片和促销信息来吸引潜在顾客。他在销售渠道上采取了多种方式。除了在自己的商铺销售爆米花外，他还与附近的电影院合作，成为他们的爆米花供应商。此外，他还与当地的体育赛事和展览会合作，提供爆米花作为零食选项。

经过一年的努力，章志国的爆米花创业项目取得了良好的经济效益。他的销售额达到了 50 万元，利润率约为 40%。这使得他能够获得 20 万元的纯利润。他计划将一部分利润用于扩大生意，增加更多的销售点，并继续推广他的品牌。

创业实战：

定位和差异化：选择适合目标市场的定位和差异化策略是关键。提供多种口味、有机食材或独特包装等方式，以满足不同消费者的需求，增加竞争优势。

建立合作关系：与电影院、购物中心等相关场所建立合作关系，成为他们的爆米花供应商，以获取更多的销售机会。同时，与体育赛事和展览会等活动合作，扩大销售渠道。

品牌推广和社交媒体营销：通过有效的品牌推广和社交媒体营销，提高品牌知名度和吸引力。发布爆米花的精美图片、促销信息和消费者评价，吸引潜在顾客，并与他们建立互动。

风险提示：

△ 不可控因素（如天气、经济环境等）可能影响销售；

△ 成本控制和供应链管理可能会对利润产生影响；

△ 消费者口味和趋势的变化可能需要及时调整产品策略。

099. 充电桩：开展充电桩创业项目，获纯利润30万元

充电桩创业项目是一个小成本大生意的领域，它以低成本投入开展充电桩服务，并通过提供电动车充电设施来获取稳定的收入。这个项目的重

点在于满足电动车用户的充电需求，随着电动车市场的快速增长，充电桩创业项目具有巨大的潜力。

经典案例：

最近，向伟康看到充电桩服务在当地市场上的潜力，决定开展自己的充电桩个人创业项目。他经过市场调研得知，电动车的普及率在当地正在不断增长，但充电设施相对不足，而这就为他提供了一个创业机会。

向伟康选择了一个交通便利的地点，其位于商业中心附近的停车场。他与停车场管理方达成租赁协议，以合理的租金获得充电桩设施的安装和运营权。

为了确保充电桩设施的可靠性和安全性，向伟康与一家可靠的充电桩供应商合作，购买了高质量的充电桩设备并进行了安装。他还与当地的电动车协会建立合作关系，以获取行业动态和用户需求。

为了提高充电桩的可用性和用户体验，向伟康开发了一款智能手机应用程序，让用户可以查看充电桩的实时状态并且可以预约充电。他还给用户提供了多种支付方式，包括手机支付和会员卡支付，方便用户进行支付。

通过与当地电动车制造商和租赁公司合作，向伟康成功地吸引了大量的用户。他制定了适度的充电费用，并与合作伙伴共享一部分收入。经过一年的努力，向伟康的充电桩创业项目取得了良好的经济效益。

根据他的经营数据统计，项目的年销售额达到了100万元，利润率约为30%。这使得他能够获得30万元的纯利润。他计划将一部分利润用于扩大业务，增加更多的充电桩设施，并继续推广他的品牌。

创业实战：

市场调研和定位：在开始创业之前，要进行充分的市场调研，了解当地电动车市场的发展趋势和用户需求。选择合适的地点和目标用户群体，确保充电桩的位置和服务能够满足用户的需求。

合作伙伴关系的建立：与电动车制造商、政府机构、商业地产开发商等建立合作伙伴关系，以获取支持和资源。合作伙伴可以提供充电设施的安装和维护支持，共同推广充电桩服务，以为用户提供更好的体验。

用户体验和品牌建设：提供便捷的支付方式和智能化的用户体验，例如，开发手机应用程序，让用户能够实时查看充电桩的状态并进行预约等。同时，要注重品牌建设，通过市场推广和口碑传播提升品牌知名度和信任度。

风险提示：

△充电桩行业竞争激烈，需要与竞争对手区分开来，为用户提供独特的价值和服务；

△要密切关注政府对充电桩行业的政策和法规，并适应这些变化；

△要跟进最新技术趋势，不断优化充电设施，并满足用户对更高效、更快速充电的需求。

100. 豆浆机：开展豆浆机创业项目，获纯利润35万元

豆浆作为一种健康营养的饮品，在许多国家和地区都受到了消费者的喜爱。豆浆机创业项目主要涉及生产和销售豆浆机及相关产品，因此应从市场需求、产品开发和生产、销售和市场推广、售后服务和客户关系管理等维度全面理解这个项目，创业者可以抓住豆浆机市场的机会，以小成本创办一个具有潜力的生意。

经典案例：

2022年，王建明看到豆浆机市场的潜力，决定开展自己的豆浆机创业项目。他经过市场调研得知，现在越来越多的人开始注重健康饮食，对豆浆的需求日益增长，这为他提供了一个创业机会。他制订了以下的创业方案。

王建明选择了线上销售的方式，建立了自己的豆浆机品牌，并开设了一个专门的电商网店。通过与供应商合作，他获得了高质量、高性能的豆浆机产品，并以有竞争力的价格销售。为了吸引潜在客户，王建明注重市场推广。他利用社交媒体平台进行广告投放和宣传，与健康饮食博主和影响者合作，增加品牌曝光度。此外，他还参加了一些相关的展会和市集，

向顾客展示豆浆机的功能和优点。为了提供良好的客户体验，王建明注重售后服务和客户关系管理。他提供了快速的客户服务响应，能够迅速解决客户的问题并提供技术支持。他还鼓励客户留下产品评价和反馈，以不断改进产品和服务质量。

经过一年的努力，王建明的豆浆机创业项目取得了良好的经济效益。根据他的经营数据统计，此项目的年销售额达到了100万元，利润率约为35%。这使得他能够获得35万元的纯利润。

创业实战：

市场调研和定位：在开始创业之前，要进行充分的市场调研，了解健康饮食趋势和豆浆消费者需求。定位目标客户群体，并提供符合其健康需求和价格敏感度的豆浆机产品。

品牌建设和市场推广：建立专属品牌并注重市场推广是成功的关键。通过与健康博主、社交媒体合作，提高品牌曝光度。参加相关展会和市集，展示豆浆机的功能和优点，并吸引潜在客户。

客户关系管理和售后服务：为客户提供优质的售后服务，快速响应客户问题，并积极收集客户反馈以改进产品。要建立良好的客户关系，提高客户满意度和忠诚度。

风险提示：

△要确保产品质量稳定，并提供可靠的售后支持，以避免负面口碑和客户流失；

△要关注食品安全和健康风险，遵守相关法规要求，确保产品生产和销售的合规性。

101. 学习机：代理智能学习机，一年净赚35万元

学习机创业项目主要涉及设计、生产和销售学习机及相关产品，因此大家应了解市场需求、产品开发和生产、销售和市场推广、技术支持和售

后服务等方面，以抓住学习机市场的创业机会。实践中，做学习机代理是一个可行的方式。代理学习机可以通过多种渠道销售，如实体店、电商平台、线下活动等，以实现销售渠道的多元化，提高市场覆盖率为目的。

经典案例：

在 2022 年，韩希武敏锐地捕捉到智能学习机市场的巨大潜力，尤其是在 K12 教育智能化和个性化辅导领域。他决定以代理某知名品牌智能学习机的方式开展创业项目。首先，通过深度市场调研，韩希武了解到家长对高效、互动性强且内容丰富的学习工具需求旺盛，特别是在"双减"政策背景下，家庭自主学习场景的增多。

韩希武与一家知名教育科技公司达成合作，成了该品牌智能学习机的区域代理商。初期投入包括代理费、首批进货成本约 50 万元。为扩大销售覆盖面，他采取了线上线下相结合的策略：在线上，利用社交媒体平台推广产品，并在天猫、京东等主流电商平台开设专卖店；线下则联合本地教育机构、书店及电子产品零售店建立分销网络。

借助品牌的影响力和自身优质的服务，韩希武组织了一系列的产品体验活动与试用课程，有效提升了产品的知名度和口碑。同时，他还提供完善的售后服务，包括定期进行软件升级、学习资源更新以及用户使用培训等，以增强客户使用体验。

经过一年的努力，韩希武成功售出 350 台智能学习机，每台平均利润约为 100 元（扣除各项运营成本后）。因此，他在该项目中实现了 35 万元的纯利润，不仅快速收回了初始投资，还积累了宝贵的市场经验和稳定的客户群体，为后续业务拓展奠定了坚实的基础。

创业实战：

市场调研与定位：如同韩希武案例，大家应首先进行深度的市场调研，了解目标用户群体的需求和痛点，选择具有竞争优势和广阔市场的智能学习机品牌进行代理或合作。明确产品定位，是面向 K12 教育、职业教育，还是终身学习领域。

销售渠道多元化：线上线下同步拓展销售渠道，线上利用电商平台开设店铺，结合社交媒体营销；线下则联合教育机构、书店等合作伙伴构建分销网络，并举办体验活动以提高产品知名度。

优质服务与口碑建设：提供完善的售后服务体系，包括产品维护、软件更新及教育资源补充，同时开展用户培训课程，增强客户黏性，借助良好口碑实现用户裂变增长。

持续创新与优化：跟踪行业动态，定期升级产品功能，丰富学习资源，以满足不断变化的市场需求，保持产品竞争力。

风险提示：

△ 技术更新换代快，需持续关注并投入研发，否则易被市场淘汰；

△ 教育政策变动可能影响市场需求，需密切关注政策走向并灵活调整战略；

△ 品牌信誉至关重要，一旦出现质量问题或负面新闻，可能对销售造成严重影响。

102. 饮水机：代理健康饮水机，一年净赚25万元

饮水机创业项目具备市场大、投资小、运营灵活且有持续盈利空间的特点，适合于"白手起家"者选择。尤其是近年来公众健康意识的不断提升和生活质量诉求的日益增长，致力于改善水质、确保饮水安全健康的饮水机产品在市场上异军突起。这类饮水机通过先进的净化技术，有效地提升了饮用水品质，从而迎合了消费者对优质生活的迫切需求。这一市场动态不仅凸显了人们对于生活细节中饮水健康的高度重视，同时也为寻求商机的创业者开辟了一片崭新的创业蓝海。

经典案例：

郑辉是一名创业者，他于2020年敏锐洞察到健康饮水机市场的巨大潜力，于是决定代理一款具有国际认证、高效过滤技术的智能健康饮水机品

牌。创业初期，郑辉首先投入15万元购买首批设备和取得区域独家代理权。

通过线上线下相结合的方式开展业务：线上，他在主流电商平台开设专卖店，并利用社交媒体进行产品宣传与健康饮水知识普及；线下，则与本地大型商超、健身房、企事业单位洽谈合作，设立体验区并提供租赁服务。此外，他还针对家庭用户推出了滤芯定期更换服务。

经过一年的努力，郑辉成功铺设了300台饮水机，其中零售出货150台，每台利润约150元；租赁业务涉及150个单位和场所，每月每台产生综合收益约400元。经他核算，在扣除各项运营成本后，这个创业项目实现了25万元的纯利润。

创业实战：

市场定位与选品：如同郑辉一样，创业者首先要深入了解市场需求，选择具有高品质过滤技术、符合健康饮水趋势的智能饮水机品牌进行代理，并关注产品的差异化特点和竞争优势。

多元销售渠道建设：线上线下同步拓展销售网络，线上通过电商平台开设店铺，并运用社交媒体进行产品推广；线下则寻找大型商超、健身房、企事业单位等合作渠道，提供饮水机租赁服务及滤芯更换维护业务。

优质服务保障与用户培养：设立定期滤芯更换提醒及上门服务，保证水质持续达标，同时提供优质售后服务，增强客户信任度和复购率。

成本控制与盈利模式创新：合理规划设备采购、运营成本及租赁费用结构，探索如长期租赁、捆绑滤芯更换服务等创新盈利模式，实现利润最大化。

风险提示：

△饮水机滤芯等耗材供应链稳定性对持续盈利能力至关重要；

△市场竞争加剧可能导致"价格战"，需保持产品质量与服务优势以应对；

△随着消费者需求变化和技术更新换代，需及时调整产品策略，避免落后于市场趋势。

第16章

头脑大风暴：
创意与洞察力并举的
创业实践与收益

103. 二手生意：收购二手家具和家电，一年净赚15万元

对于市场上的小生意，现在都内卷得厉害，想赚大钱不容易。但在一些二手领域，还是有商机存在的。如收购低价优质的二手闲置物品，诸如二手礼品、二手办公家具、二手家电、二手餐饮设备等，这些东西稍加整理之后，就可通过网络平台（如闲鱼、转转、拍拍二手等）高价卖出，无须囤积货源。这些二手闲置物品都比较适合普通人去经营，特别是一些50岁左右的人，短期内找不到工作，就可以选择做这方面工作，做得好一年能轻松挣十几万元。

经典案例：

周先生在退休后面临职业空窗期，偶然发现二手市场商机。他利用自己对家居品质的独到眼光和细致入微的生活经验，在本地收购性价比较高的二手家具和家电。通过精心挑选和适度翻新维护，周先生将这些物品上架至闲鱼、转转等线上平台出售。

短短半年时间，周先生成功交易了近200件二手商品，其中涵盖办公桌椅、家用电器以及各种家居装饰品。凭借出色的议价能力和网络营销策略，平均每件商品能获取约30%以上的利润空间。经过初步估算，扣除收购成本、物流费用及网络平台手续费后，他在这一年中净赚约15万元，不仅实现了经济独立，也找到了充实退休生活的全新事业方向。

创业实战：

市场定位与选品策略：在周先生的案例中，他专注于收购性价比较高的二手家具和家电。创业者应明确目标市场，选择具有较大需求量且自身具备鉴别能力的二手商品种类。

货源获取与成本控制：通过多种渠道广泛寻找低价优质的二手物品资源，如本地社区、跳蚤市场、企业拍卖等，并在收购时精确估价，确保有足够利润空间。

商品维护与翻新增值：对收购的商品进行适当的清洁、修复或美化处理，提升其外观和使用价值，以便在网络平台上以更高价格出售。

网络营销与品牌建设：利用闲鱼、转转等二手交易平台展示商品信息，要注重图片拍摄的清晰度、描述是否详细真实；同时应建立良好的卖家信誉，吸引并留住潜在买家。

物流配送与售后服务：合理安排物流配送方式，降低成本并保证商品安全送达；提供一定的售后保障，如退换货政策及使用咨询服务，增强客户购买信心。

风险提示：

△货源质量参差不齐，需严格把关，防止收购到存在严重质量问题的商品；

△网络交易欺诈风险，需了解并遵守平台规则，防范恶意退货或诈骗行为；

△市场竞争激烈，定价过高可能导致销售周期延长，影响资金周转率。

104. 空白致富：主打室内绿植与养护指导，每月净赚2万元

空白致富是指在某个行业或市场中，由于需求尚未被充分满足或者竞争相对较小，存在较大的发展空间和利润空间的项目。创业者可以通过发掘这些未被充分利用的商业机会，提供创新的产品或服务来填补市场空白，从而实现较快的增长和较高的收益，以达到致富的目的。

经典案例：

来自湖北农村的高智波，在武汉大学国际经济与贸易专业毕业后就参

加了工作，工作之余，他经常和同事、朋友一起做创业头脑风暴的沙龙活动，以捕捉空白致富的创意。在一次讨论活动中，他突然发现市场上对定制化、微型家庭园艺的需求正逐渐升温，但专门针对都市白领和小型公寓住户提供个性化迷你室内植物套装及养护服务的平台却相对稀缺。

于是，高智波联合几个人一起创办了"城市绿洲"电商平台，巧妙地利用3D打印技术制作了一批具有创新设计的迷你花盆，结合智能浇水系统，使没有园艺经验的城市居民也能轻松打理室内花园。通过与当地花卉基地合作，高智波以低成本采购各类适合室内种植的小型植物，并将其精心搭配成各种主题套餐。他还建立了线上社群，定期发布养护知识、举办在线讲座，增强用户体验。

"城市绿洲"凭借独特的市场定位和高品质的产品服务，在都市年轻人中迅速走红，月均销售量轻松突破了400套，每套平均利润约60元。扣除运营成本后，高智波在该项目上每月可以实现近2万元的纯利润，成功挖掘出了一个细分市场的致富机会。现在，高智波已经辞去了原来的工作，和几个创始人一起专营他们的"城市绿洲"电商平台，并继续主打精致小巧、易于养护的室内绿植组合与配套养护指导服务。

创业实战：

发现并填补市场空白：创业者应保持敏锐的市场洞察力，关注新兴消费趋势和尚未被充分满足的需求。高智波通过观察都市居民对个性化室内园艺需求的增长，找到了一个独特的市场切入点。

创新产品与服务：在找到市场空白后，设计具有竞争力的产品和服务来填充这个领域。高智波创新地开发了3D打印迷你花盆，并提供配套智能浇水系统及养护指导服务，以差异化优势吸引消费者。

构建稳定供应链：确保产品供应的质量和稳定性是成功的关键。高智波与本地花卉基地建立合作关系，保证了产品的低成本、高品质供给。

线上线下结合推广：利用电商平台进行线上销售的同时，建立社群营销体系，开展线下活动或在线讲座，增强用户黏性，扩大品牌影响力。

持续优化与迭代：根据市场需求和用户反馈不断调整产品组合和服务内容，始终保持竞争优势。

风险提示：

△即使当前市场空白较大，也需警惕消费需求的快速变化，并灵活应对；

△依赖创新技术（如3D打印）的项目，要注意技术更新可能导致产品过时的风险；

△合作伙伴的稳定性和产品质量直接影响业务运营，要提前预防供应链断裂等问题。

105. 无货源开店：一人经营数家无货源店铺，实现利润5万元+

无货源开店是电子商务中的一种运营模式，是现在一种流行的创业方式，指在这个方式中店铺经营者自己没有现货，是在网上找的产品和货源，然后把货源"搬运"到自己的店铺中，等顾客下单，店主再去上家下单，由上家来派单发货。下面通过一个在抖音上开无货源小店的例子来说明这种方式。抖音无货源小店和其他平台的无货源项目一样，是不需要货源的，也就是不压货。这个项目现在是完全的初期，还有很多规则都不完善，这就导致了做抖音无货源小店的限制要比其他平台小得多。这对于没有开过店铺，初期创业的新手来说，能快速出效果并赚取收益。

经典案例：

杜智安从2021年3月底开始运营抖音无货源小店业务。他凭借敏锐的市场洞察力和高效的运营策略，在短短三个多月内，实现了最高月度营业额高达114万元，纯利润超过30万元的收益。目前，杜智安正成功运营着20多家店铺，团队人均管理3～5家店铺，这些店铺主要经营百货、饰品、母婴、服装等类目，大部分店铺月销售额稳定在 5 ～ 20 万元区间。

在具体运营过程中，杜智安遵循以下步骤：首先注册抖店账号，然后精心选取阿里巴巴、淘宝、拼多多等平台上的热销商品，通过精细化蓝海选品策略挑选出具有高转化率和竞争尚不激烈的产品，如防晒喷雾，成本仅 10 元左右，售价 50 多元，每单可实现 37 元的利润。随后将选中的商品链接借助软件上传到自家小店，并合理设置发货时间和商品价格。

在获取流量方面，杜智安初期主要与达人合作，通过短视频或直播带货方式吸引顾客，并充分利用抖音平台推荐流量、搜索流量及后期的付费推广工具，如巨量千川、小店随心推等增加曝光率。当客户下单后，利用自动化软件快速完成在上家店铺的拍单和发货，确保订单处理效率。

杜智安运用无货源开店模式，在抖音平台上取得了显著的经济效益，不仅实现了高额盈利，还构建了一套可持续发展的电商运营体系。

创业实战：

市场调研与选品定位：杜智安在创业初期通过深入研究抖音平台用户需求和消费趋势，选择百货、饰品、母婴、服装等热销类目进行无货源开店。在选品时，他遵循精细化蓝海策略，挑选具有新颖性、高性价比的商品，并关注商品的季节性和市场需求。创业者需深入研究目标电商平台的用户需求和消费趋势，选择具有热销潜力的商品类目进行无货源开店。具体操作时，建议定期关注行业报告、热销榜单，并结合季节性及市场需求精挑细选出具有新颖性和高性价比的商品。

店铺搭建与运营准备：杜智安首先注册了抖店账号并办理了个体工商户营业执照，确保了合法合规经营。同时，配置电脑及运营软件提高工作效率，提前准备几千元流动资金用于采购垫资，并缴纳保证金以降低违规风险。创业者应确保合法合规经营，及时办理相关营业执照并注册电商平台账号；配置专业设备，如电脑以及高效运营软件来提升店铺管理效率；提前储备一定的流动资金以应对采购垫资需求，并按平台规定缴纳保证金，降低违规风险。

供应链整合与订单处理：杜智安利用各大电商平台作为货源渠道，选取优质供应商，保证商品质量和发货速度。通过自动化软件高效完成商品上架、订单拍单以及发货流程，有效解决了大量订单的处理难题。创业者要广泛挖掘优质供应商资源，建立稳定可靠的货源渠道，并通过自动化工具实现商品上架、订单拍单及发货流程的无缝对接。在实际操作中，可运用 ERP（企业资源计划）系统实时同步库存信息，快速响应客户需求，以提高订单处理速度。

流量获取与达人合作：杜智安在店铺起步阶段积极寻求与抖音达人的合作，通过提供有竞争力的佣金比例吸引达人带货推广。同时，利用抖音内部推荐流量、搜索流量以及后期的付费广告投放，如巨量千川等增加曝光度和销量。此外，创业者还应积极参与平台活动，增强店铺活跃度与用户。

风险提示：

△供货稳定性直接影响店铺运营，需建立多元化的供应商体系以防断货或质量问题；

△发货超时可能导致扣款甚至影响店铺信誉，务必关注并控制好物流周期。

106. 电动车挡风被：做电动车挡风被项目，一年纯利润28万元+

电动车在中国等许多国家和地区作为日常交通工具的普及率正逐年提高，特别是在冬季和雨季，用户对挡风、保暖和防雨的需求显著增加。挡风被从单一冬季产品扩展至四季适用，如夏季遮阳、雨季防水功能的产品，满足了消费者在不同季节下的需求变化。电动车挡风被创业项目不仅需要考虑产品的设计与生产，还需要重点关注市场定位、成本控制、销售渠道建设和风险管理等多个维度，以实现可持续盈利和业务增长。

经典案例：

年轻创业者阴志林于2021年深入调研电动车挡风被市场后发现，尽管单品利润微薄，但由于产品需求量大且四季适用，其仍具有稳定的销售前景。在冬季加厚款式尤为畅销，加工成本中，喷胶棉原料回收价约为每吨1.5万~2万元，毛绒布料则通过联系厂家以9000多元的价格回收库存。

阴志林深知单件产品的利润微薄，因此他着重开发销售渠道以实现规模化盈利。首先，他充分利用电商平台的优势，开设线上店铺，借助SEO、广告投放以及社交媒体推广等手段，吸引全国范围内的消费者来进行购买。同时，他还与各地线下经销商及电动车专卖店建立了稳定的合作关系，通过批发渠道拓展了实体销售网络。

在确保产品质量的前提下，阴志林控制住了生产成本，使得每件挡风被的纯利润维持在1元左右。鉴于电商销售渠道及线下批发零售业务的快速发展，他的挡风被月产量稳定在3万件左右，按平均售价10元计算，月销售额能达到30万元。扣除原材料、人工、运营等各项成本后，经过一年的精打细算和高效经营，阴志林的挡风被项目实现了年度纯利润约28万元的良好业绩。

创业实战：

市场调研与定位：学习阴志林的做法，深入研究电动车挡风被市场需求，明确目标客户群体和热销款式（如冬季加厚款），确保产品具有持久的市场竞争力。

供应链优化：通过合理采购原材料降低成本，如寻找价格合适的喷胶棉供应商以及折扣库存毛绒布料，以实现成本控制和质量保证。

销售渠道搭建：线上线下双管齐下，线上开设店铺并运用SEO、广告投放、社交媒体推广等手段吸引全国消费者；线下则与各地经销商及电动车专卖店建立合作关系，拓宽实体批发渠道。

精细化运营：根据市场需求调整产量，维持稳定的月产量，并结合产品质量制定合适的价格策略，如本案例中阴志林将挡风被定价为每件 10 元。

风险提示：

△ 应密切关注行业动态和季节性需求变化，要避免因市场热度下降导致产品滞销；

△ 原料供应可能出现价格波动或短缺，需保持多元化的供应商网络以降低依赖风险；

△ 需不断创新营销策略和提升服务质量以保持竞争优势。

107. 一次性餐具配送：做一次性水晶餐具配送业务，轻松月入七八万元

随着都市生活节奏的加快，人们对于方便、快捷的生活方式的需求越来越高。一次性餐具作为一种环保、方便的餐具，越来越受到消费者的欢迎。特别是在外卖、餐饮行业中，一次性餐具的需求量更是与日俱增。因此，一次性餐具配送创业项目具有广阔的市场前景。

经典案例：

山东泰安农村的孙涛是家中长子，初中毕业后便踏入社会，在工厂打工供弟弟们读书。尽管家庭条件艰苦，但他始终保持着乐观的态度，积极面对生活。孙涛内心怀揣创业梦想，渴望改变打工命运，但因于资金积累有限，始终未能付诸行动。2020 年新冠肺炎疫情暴发后，孙涛在送外卖的过程中观察到餐饮行业发生的一个重大转变：由于政府出台相关政策要求餐饮业实行分餐制并规范配备一次性餐具以降低病毒传播风险，饭店纷纷改用水晶一次性餐具替代传统水洗消毒餐具。孙涛敏锐地捕捉到了这一商机，并深入研究了一次性水晶餐具的优点，其能够有效地避免交叉感染，保障消费者健康安全。

经过对市场调研和成本收益分析，孙涛发现提供一次性水晶餐具给饭店不仅能带来显著的利润提升——每套餐具能创造 1.2 元毛利润，而且相

比传统水洗消毒餐具更节省水资源、电力及人工成本，更具卫生优势。在确认市场需求与可行性后，孙涛通过网络找到了山东潍坊康卫者一次性餐具生产厂家，并亲赴总部进行实地考察。

在参观了厂家生产线，详细了解产品材质、生产供货能力以及合作模式后，孙涛对产品质量有了深刻的认识，必须达到医用级或食品级标准，才能确保在市场上站稳脚跟。最终，孙涛与康卫者签订经销商订购合同，正式开启了自己的餐具配送事业。

回到泰安后，孙涛迅速开展业务，采取铺货代卖的方式与当地二三十家知名中小型饭店达成合作。仅一个月内，他就实现了日出货量2000～3000套，日收入达七八百元，远超外卖工作所得。随着业务拓展，稳定合作的饭店数量增至70～80家，日均出货量攀升至8000套左右，月收入稳定在7万～8万元。此外，孙涛还巧妙利用废料回收再利用，进一步增加了纯利润来源。

创业实战：

市场调研与洞察商机：创业者要密切关注政策变化和行业动态，孙涛在疫情背景下发现一次性餐具市场需求剧增。创业者应深入餐饮市场进行实地调研，了解商家需求及消费者心理，找准市场痛点和空白点。

产品选择与合作模式：选择有资质、产品质量可靠的一次性餐具生产厂家，如案例中的康卫者厂家，确保产品符合国家卫生标准，并探索适合自己的合作模式，如区域代理或经销商模式。

成本与利润分析：要精确计算每套餐具的进货成本、销售价格以及潜在毛利润，像孙涛那样算清一次性水晶餐具与传统消毒餐具的成本差异及利润空间，以明确项目的盈利可行性。

销售渠道开拓与维护：通过有效渠道（如送外卖时的人脉资源）快速拓展首批客户群体，采用铺货代卖的方式与中小型饭店建立合作关系，并提供优质售后服务，保障稳定供货。

废料回收利用：要关注业务链条上的附加价值，如孙涛发掘的废料回收环节，不仅能创造额外利润，还能帮助合作饭店降低成本，实现互利共赢。

风险提示：

△ 政府对一次性餐具使用的政策可能会调整，需随时关注环保政策动向；

△ 供应商提供的产品必须达到食品级安全标准，否则可能引发食品安全问题；

△ 一次性餐具市场逐渐成熟，需不断地创新服务模式并提升自身竞争力以保持市场份额。

108. 纸类包装箱加工：做纸类包装箱加工项目，年盈利额达60万元

纸类包装箱加工创业项目主要涉及设计、生产和销售各类纸质包装箱，适用于物流运输、商品存储和销售展示等多种场景。这一项目的核心是把握市场需求趋势，紧跟环保政策要求，采用可持续的纸材资源制作高质量且满足多样化需求的包装产品。下面就来看看做纸类包装箱加工的创业案例。

经典案例：

孟浩晟是一个年轻的创业者，他敏锐地捕捉到随着电商行业的发展与环保政策的推动，市场对可回收、环保型纸质包装箱的需求日益增长。于是，他于2021年初在浙江杭州创立了一家专注于纸类包装箱加工的小微企业。

孟浩晟初期投入资金50万元购置了先进的生产设备，并与多家造纸厂建立了稳定的合作关系，以获取价格合理的优质原纸材料。经过精心设计和优化生产流程，他的工厂能够快速响应客户个性化需求，并为客户提供定制化的包装解决方案。

在运营第一年，孟浩晟成功与十多家电商平台商家以及部分实体企业签订了长期合作协议，年均供应各类包装箱约100万个。凭借每只包装箱平均0.5元的纯利润空间，当年就实现纯利润约50万元。同时，孟浩晟还

积极响应国家关于循环经济的号召，开展废旧纸箱回收业务，进一步降低了成本，并创造了额外收入。据统计，在该年度中，废纸箱回收再利用项目，又为公司带来了近 10 万元的额外纯利润。

在创业首年内，孟浩晟的纸类包装箱加工业务不仅实现了经济效益和社会效益的双丰收，总盈利额达到了 60 万元左右，也为其后续发展打下了坚实的基础。

创业实战：

市场调研与定位：孟浩晟创业前对纸类包装箱市场需求进行了深入分析，锁定电商、物流及实体企业等，为目标客户群体。创业者需先进行充分的市场调查，了解当前行业趋势和客户需求，确定产品类型和市场定位。

供应链整合与成本控制：孟浩晟通过与多家造纸厂建立稳定合作关系以获取价格合理的优质原纸材料，并投资先进的生产设备优化生产流程，提高了效率，降低了成本。因此，建议创业者应注重供应链管理，确保原材料质量可靠且成本可控，同时要提升生产能力，实现规模经济效益。

定制服务与销售渠道拓展：孟浩晟提供定制化包装解决方案，满足了不同客户的个性化需求，并成功与多家电商平台商家和实体企业签订了长期合作协议。创业者应积极开发多元化的销售途径，提供定制服务以吸引并保持客户，增加市场份额。

风险提示：

△纸品原材料市场价格变化关乎成本控制，应密切关注市场动态并灵活调整采购策略；

△落后或不达标的生产设备将使产品质量下降或失去竞争力，跟进设备升级至关重要；

△消费者需求和环保政策的变化可能对纸类包装箱提出新的要求，创业者应保持敏锐洞察力，适时调整产品结构和服务模式以适应市场需求。

后 记

　　在撰写本书的过程中，我深深感受到创业精神的力量和多元化的创新路径。这本书不仅汇集了各类创业实战案例与策略，更是对每一位怀抱梦想、勇闯商海的创业者心路历程的深情记录。其中的每一个章节都凝聚着无数创业者的智慧与汗水，它们如同璀璨繁星，点亮了"白手起家"创业者的漫漫长路。无论是小本经营的实体店主，还是互联网领域的新兴创业者，他们的故事都在告诉我们：创业并非仅关乎财富积累，更在于对自我价值的实现、对未知世界的探索，以及对社会进步的贡献。

　　书中提到的108种方法，并非简单的商业模式复制，而是倡导一种灵活适应市场变化、持续学习并勇于实践的创业理念。我们希望通过这些生动而翔实的案例，激发更多人的创新思维，引导他们在面临挑战时保持坚韧不拔的精神，发掘自身的独特优势，找到适合自己的创业之路。

　　在此，我要特别感谢那些无私分享经验的创业者，是他们的真实经历让本书更加丰富立体。当然，为了保护个人隐私，本书案例95%以上用的是化名。同时，也期待读者朋友们能从中获得启发，让自己今后无论身处何种境遇，都能坚定信念，勇敢迈出创业的步伐，书写属于自己人生的精彩篇章。

　　最后，祝愿所有阅读此书的朋友都能在创业道路上破茧成蝶，实现从0到1的突破！

参考资料

[1] 樊登. 低风险创业 [M]. 北京：北京联合出版有限公司，2022.

[2] 白晓. 草根创业的100种方法 [M]. 广州：广东人民出版社，2018.

[3] 吕森林. 创业从一份商业计划书开始 [M]. 北京：电子工业出版社，2019.

[4] 张奕. 手机就能做的50种网上生意 [M]. 哈尔滨：黑龙江教育出版社，2017.

[5] 黄一帆，朱瑞丰. 从0到1开公司：新手创业必读指南 [M]. 北京：人民邮电出版社，2020.

[6] 李其容，杨艳宇，李春萱. 新创业者创业教育后创业知识运用的动态分析：基于潜变量增长模型 [J]. 心理科学，2022，45（2）：394-395.

[7] 霍丽洁. 从新手创业，到拥有知名花艺教育机构她是怎么做到的？[J]. 社会科学Ⅱ辑：经济与管理科学，2022，12（22）.